Reprint Publishing

Für Menschen, Die Auf Originale Stehen.

www.reprintpublishing.com

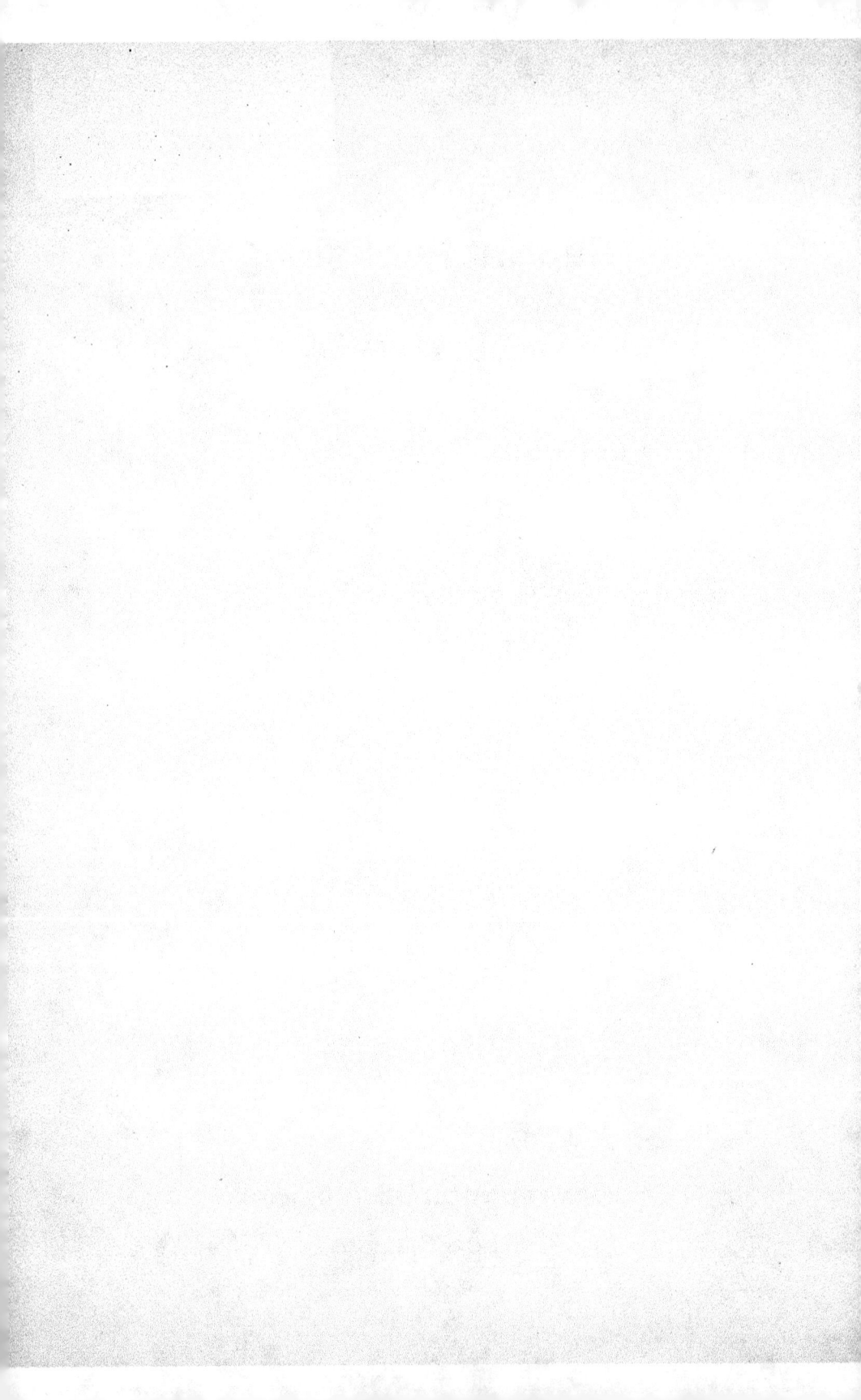

BEITRÄGE

ZUR

MORPHOLOGIE UND BIOLOGIE

DER

FAMILIE

DER

ORCHIDEEN.

VON

J. G. BEER,

wirkl. Mitglied der kaiserl. L. C. Akademie der Naturforscher cogn. N. J. Jacquin, Inhaber der kaiserl. österreichischen gold. Gelehrten-Medaille und der königl. preussischen grossen gold. Medaille für Wissenschaft, d. Z. General-Secretär der k. k. Gartenbau-Gesellschaft in Wien etc. etc. etc.

WIEN.

DRUCK UND VERLAG VON CARL GEROLD'S SOHN.

1863.

Herrn

WILHELM KARL HAIDINGER,

Ehren - Doctor der Philosophie an der k. k. Karl Ferdinands - Universität zu Prag, der Medicin an der grossherzoglich sächsischen Johann Friedrichs-Universität zu Jena; Ritter des kaiserlich österreichischen Franz-Josef-Ordens, der Friedens- classe des königlich preussischen Ordens pour le mérite und des königlich bayerischen Maximilian - Ordens für Wissen- schaft und Kunst, Commandeur des königlich portugiesischen militärischen Ordens unseres Herrn Jesus Christus, Ritter des königlich sächsischen Albrecht-Ordens und des königlich schwedischen Nordstern-Ordens; Besitzer einer grossen goldenen Subscriptions - Ehrenmedaille mit seinem Bildnisse; wirklicher Hofrath im k. k. Staatsministerium und Director der k. k. geologischen Reichsanstalt, wirkliches Mitglied des Doctoren-Collegiums der philosophischen Facultät an der k. k. Universität zu Wien; wirkliches Mitglied der kaiserlichen Akademie der Wissenschaften zu Wien; Adjunct und Mitglied der kaiserlichen Leopoldinisch-Carolinischen Akademie der Naturforscher, cogn. A. S. Hoffmann; Gründer und Mitglied, früher Präsident und Vice-Präsident, der k. k. geographischen Gesellschaft zu Wien, Correspondent der Académie des Sciences in dem kaiserlichen Institut von Frankreich; Ehrenmitglied, auswärtiges und correspondirendes Mitglied der kaiserlichen Akademien und Gesellschaften zu Wien, Prag, Venedig, Roveredo, Klagenfurt, Krakau, Lemberg, St. Petersburg, Moskau, Cherburg; der königlichen Akademien und Gesellschaften zu Prag, Pesth, London, Edinburg, Berlin, Göttingen, München, Brüssel, Traro, Stockholm, Kopenhagen, Harlem, Nancy, Turin, Mailand, Florenz, Neapel, Palermo, Melbourne in Victoria, Australien; so wie von wissenschaftlichen Akademien und Gesellschaften in Philadelphia, New York, Saint Louis, Bogotá, Batavia; ferner in Wien, Linz, Prag, Joachimsthal, Pesth, Hermannstadt, Gratz, Brünn, Laibach, Rovigo, Vicenza, Bassano, Verona, Roveredo, Innsbruck; wie auch in Augsburg, Nürnberg, Bamberg, Passau, der Pollichia in der bayerischen Rheinpfalz, in Mannheim, Darmstadt, Wiesbaden, Giessen, Hamburg, Trier, Luxemburg, Emden, des Harzes, in Berlin, Altenburg, Dresden, Mecklenburg, Görlitz, Breslau, London, Cambridge, Manchester, Lausanne, St. Gallen, Königsberg, Halle an der Saale, Jena, Marburg, Frankfurt am Main, Offenbach, Hanau, Cassel, Stuttgart, Minden, Antwerpen, Riga, Brescia u. s. w.,

dem rastlosen Förderer der Naturwissenschaften in Oesterreich

achtungsvoll gewidmet

vom

Verfasser.

Inhalt.

a**

Vorwort.

Bei den meisten Familien der monocotylen Gewächse findet sich die Dreizahl bei den Blüthen-organen gewöhnlich ungeschmälert, aber auch oft wird diese Einheit der Zahlenverhältnisse durch Um-wandlung einzelner Blüthentheile gestört. Bei der Familie der Orchideen hat diese Umwandlung, was die Befruchtungsorgane betrifft, den höchsten Grad erreicht, welcher überhaupt bei Gewächsformen vorkommt.

Die meist auffallende Umstaltung eines Blumenblattes zur sogenannten Honiglippe in ihren so sehr verschiedenen, oft barocken Formen, im Gegensatze mit den Verwachsungen der Befruchtungs-Organe, wie auch einzelner Blumen und Kelchblätter unter einander, liefern den wichtigen Beweis, dass eine über-mässige Entwicklung eines Theiles einer Blüthe immer zum Schaden anderer Organe derselben stattfindet, welche hierdurch bis auf Rudimente in ihrer ursprünglich wohl geordneten Anlage unterdrückt werden. Diese Gebundenheit einzelner Theile einer Orchideen-Blüthe ist es jedoch nicht allein, was das Studium dieser herrlichen Familie so anziehend macht; auch die Lebensweise und Lebensbedingungen, unter welchen die Orchideen über die ganze Erde verbreitet sind, bieten den reichsten Stoff zu interessanten Beobachtungen.

Die auffallende Beweglichkeit einzelner Blüthentheile, die Elasticität der Pollenhälter, die so grosse Anziehungskraft des Pollens zur Narbe bei dem Acte der Befruchtung, die Thiergestalt nachbildenden Formen, welche einzelne Theile der Blüthe wie auch ganze Blüthen zeigen, das oft seltsam freie Gedeihen vieler dieser Gewächse, ihre Vorliebe auf Bäumen oder im Moose zu wohnen, das oft mehrere Jahre andauernde scheinbar gänzliche Fehlen von Erdorchideen an ihren Standorten, wo sie jedoch unter der Erde sich erhalten, sind merkwürdige Erscheinungen.

Betrachtet man Catasetum, Mormodes u. a. m., so findet man, dass das einzige noch übrige Staub-gefäss an seinem Stiele zwischen zwei Lappen gewissermassen frei schwebt, das Ende mit einer eigen-thümlich Kautschuk ähnlichen sehr klebrigen Masse (Viscin), reichlich umkleidet ist und die Pollenmassen von einer Membrane dicht umhüllt werden. Bei der geringsten Erschütterung oder bei einer ganz leichten Verletzung der Blüthe von Aussen, wird das Pollinarium mit unbegreiflicher Schnellkraft aus der Blüthe geschleudert und in einem Halbkreise in horizontaler Richtung weit weggeschnellt, um dann mit dem klebrigen Fusse augenblicklich, so fest aufzusitzen, dass man, ohne dasselbe zu zerreissen, den ganzen Apparat gar nicht wegzubringen im Stande ist. Das unbekannte Insect aber, welchem es zu Theil wird, das Pollinarium eines Catasetum als eine sehr lästige Bürde von einer Blüthe zur anderen zu tragen, ist wahrlich nicht sehr zu beneiden; mehrere Pollinarien an einem Insecte haftend, dürften wohl das Thier zu Grunde richten, wie es auch durch die Pollenmassen unserer heimischen Orchideen geschieht, wo manche nützliche Biene, durch diese Last zu Allem unfähig, sich vom Boden nicht mehr zu erheben vermag und endlich zu Grunde gehen muss. So wie die Orchideen-Blüthe durch ihre mannigfaltigen Erscheinungen im hohen

Grade interessant ist, so sind es auch die noch so wenig bekannten, oft überraschend schönen Formen der Orchideen-Früchte, wie auch deren fast gänzlich unbekannten Samenformen. Aber eine halbwegs genügende Anzahl von Frucht- und Samenformen zu sammeln ist eine bei weitem schwierigere Aufgabe, als ich bei Beginn dieser vorliegenden Arbeit ahnte.

Hält man eine selbst nur oberflächliche Rundschau über die ihrer Blüthen wegen in den Gewächshäusern unseres Continentes gezogenen Pflanzen, so wird man finden, dass von sämmtlichen hierbei in Betracht zu ziehenden Ordnungen kaum eine reicher an Gattungen und Arten gegenwärtig vertreten ist, als die der Orchideen, keine, welche bei einer rationellen Cultur, jenem Zwecke leichter und vollkommener entspricht als diese, aber auch keine, welche so selten Früchte trägt als eben wieder sie.

In unseren Gewächshäusern wird man, ohne zur künstlichen Befruchtung seine Zuflucht zu nehmen, nur in den seltensten Fällen Gelegenheit haben reife Früchte an einem oder dem anderen Exemplare einer Art wahrzunehmen.

Worin der Grund dieser, man kann beinahe sagen charakteristischen Unfruchtbarkeit der cultivirten Orchideen liegen mag, ist schwer zu sagen, und seine Ausmittlung um so schwieriger, als erwiesener Massen die Pollinarien wie die Narben der meisten cultivirten Orchideen sich ganz normal ausgebildet zeigen und bei der künstlichen Befruchtung auch vollkommen functionsfähig erweisen. Auch stehen der Selbstbefruchtung bei den exotischen Arten keine grösseren Hindernisse im Wege als sie bei unseren terrestrischen Orchideen jedes Jahr in vollkommenster Weise stattfinden.

Ebensowenig bedürfen sie, wie es scheint, der Beihilfe eigens dazu erkorner Insecten, denn jede über die einmal blossgelegten Pollinarien wegkriechende Fliege oder Käfer ist im Stande selbe mit und auf die Narbe zu schleppen, wo sie allsogleich haften. Keine der bekannten und so häufigen Ursachen der Unfruchtbarkeit sonst normal gebildeter Blüthen erklärt somit diese befremdende Erscheinung. Minder auffällig erscheint sie für uns aber in gewisser Hinsicht, sobald man aus dem Munde von Pflanzensammlern und gelehrten Botanikern wie Heller, Varszewitz, Hooker jun. und Andere erfährt, dass man auch in den Heimatländern dieser Orchideen fructificirenden Exemplaren überhaupt weit seltener als blühenden begegnet und die Zahl der Früchte im Vergleich zur Menge der Blüthen an ein und demselben Individuum eine viel geringere, als bei unseren und überhaupt bei allen terrestrischen Orchideen erscheint.

Was nun immer die Ursache dieser seltenen Erscheinung in dieser an Formen so überreichen Ordnung sein mag, so steht mindestens so viel fest, dass die Zahl der bekannten Fruchtformen bei ihr verschwindend klein gegen die der Arten ausfällt, und es ganze Reihen von Gattungen gibt, aus welchen uns bisher von keiner der dahin gehörenden Arten Frucht- und Samenbildung bekannt geworden wäre.

Aber auch das Wenige, was wir über die Fruchtformen der epiphytischen Orchideen wissen und aus den von Plumier, du Petit Thouars, Lindley, Humboldt und Bompland, Bateman, Blume, Wigth, de Vriese, Prillieux, u. A. m. gelieferten Abbildungen und Beschreibungen kennen, genügt noch lange nicht, um die Lücken auszufüllen, welche in der Phytografie und Characteristik der betreffenden Gattungen und Arten dieser Familie aller Orte sich zeigt. Die vorhandenen Abbildungen und Beschreibungen sind, namentlich was die Beschaffenheit der Rippen und des oberen Fruchtendes betrifft, der Mehrzahl nach zu unbestimmt und unklar ausgeführt, um im Voraus etwas Sicheres über das spätere Verhalten dieser Theile zu entnehmen.

Noch weit mehr gilt diess von den inneren Theilen der Frucht und ganz besonders von der Gestalt und dem Baue der Samen.

Vergleichsweise besser sieht es mit der morphologischen Deutung der Orchideen-Frucht im Allgemeinen und am besten wohl mit allen jenen Partien aus, welche in neuester Zeit Gegenstand der Entwicklungsgeschichte geworden; aber auch hier waren es vorzugsweise nur inländische Orchideen, welche dazu das Materiale lieferten.

Ueber Keimung von Samen und fernere Entwicklung des Pflänzchens haben Irmisch und ganz kürzlich Prillieux die schätzbarsten Beiträge geliefert; aber wie viel fehlt noch, um einmal die Richtigkeit der gefundenen Vorgänge zu bestätigen und andererseits die Reihe solcher Erfahrungen zu vervollständigen, um daraus sichere Schlüsse auf die Allgemeinheit der Erscheinung in der ganzen Ordnung überhaupt, und ihrer Modificationen in bestimmte Gruppen und Gattungen ziehen zu können.

Die Erwägung dieser Verhältnisse, wie sie thatsächlich bestehen, haben mich veranlasst, gleich nach dem Erscheinen meiner: Practischen Studien an der Familie der Orchideen u. s. w., Wien, Gerold 1854, welche die verschiedenen Formen des Orchideenstammes und der Gruppirung der Gattungen nach der Beschaffenheit der Blüthendecken behandeln, meine Aufmerksamkeit, behufs einer leichteren Bestimmung derselben, der Fruchtbildung der Orchideen zuzuwenden und zu versuchen, ob man nicht auf künstlichem Wege zur Erziehung von Früchten bei uns gelangen könne. Selbst im Besitze einer nicht unbedeutenden Menge lebender tropischer Orchideen, und ausserdem noch durch die Liberalität des Herrn k. k. Gartendirectors Dr. H. Schott unterstützt, — welcher mich hierdurch zu grossem Danke verpflichtete — habe ich hierbei den naturgemässesten Weg der Befruchtung mit den Pollen der Blüthe desselben Individuums eingeschlagen und nach mehreren misslungenen Experimenten mir im Laufe der Jahre eine grössere und vollständigere Reihe ausgereifter Früchte aus den verschiedensten Abtheilungen und Gattungen der Orchideen verschafft, als diess dem tüchtigsten Sammler wohl je möglich gewesen.

So wurde es mir ein Leichtes alle Phasen der Entwicklung der einzelnen Früchte jeder Art bis zur vollen Samenreife und ihrem Aufklappen, und alle die Veränderungen kennen zu lernen, welche die Blüthendecken und einige andere Organe nach der Befruchtung nebenher noch erfahren.

Alle diese im Laufe der Entwicklung sich zeigenden Veränderungen der Fruchtformen habe ich, so weit meine technische Fertigkeit im Zeichnen reicht, so getreu als ich vermochte, durch Stift und Pinsel festzuhalten gesucht, Früchte und Samen als Belegstücke für mich und Andere im trockenen Zustande, wie auch in Weingeist gesammelt und vollständig geordnet zur Verfügung aufbewahrt; später auch dem Keimungsprocesse mehrerer aus dem gewonnenen Samen gezogenen Arten meine vollste Aufmerksamkeit zugewendet und nur dasjenige unbeachtet gelassen, was sich auf die erste Anlage und Entwicklungsstadien der Blüthenknospe und der Eierchen bezieht.

Dagegen suchte ich alle Stadien der Wurzel-, Knollen- und Blattbildung der Orchideen vom Keimen des Embryos bis zum ausgebildeten Pflänzchen zu verfolgen.

Die auf dem angegebenen Wege allmählich gesammelten Resultate meiner mehrjährigen Untersuchungen schienen mir im Vergleiche zu den hierüber bereits bekannten, für die Systematik wie für die Morphologie und Biologie dieser Ordnung, namentlich als Ergänzung meiner früheren Arbeiten und als eine Bereicherung des bisher gesammelten Materials für weitere Untersuchungen immerhin wichtig genug, um deren Veröffentlichung wagen zu können.

Möge das Wenige, was ich hierin geleistet, den Männern der Wissenschaft genügen und diese nachsichtsvoll gegen so manchen Mangel stimmen, welchen diese Arbeit enthalten mag. Schliesslich fühle ich mich noch gedrungen, meinen verehrten Freunden, den Herren Professoren Dr. Unger und

Dr. Eduard Fenzl, namentlich letzterem, für die mir bei dieser Arbeit geleistete Hilfe meinen wärmsten Dank auszusprechen!

Hinsichtlich der Behandlung des Ganzen glaube ich, um allfälligen Missdeutungen zu begegnen, bemerken zu müssen, dass mir von vornherein der Gedanke ferne lag, eine Morphologie und Biologie der Orchideen schreiben zu wollen. Was ich durch die Veröffentlichung dieser Schrift bezwecken wollte, war und konnte nichts anderes sein, als einzelne Lücken in beiden Beziehungen auszufüllen, so weit sie mir nach Massgabe des mir zu Gebote stehenden Materiales ausfüllbar schienen. Für diese Aufgabe und ihre Lösung konnte ich desshalb keine andere Form als die von „Beiträgen" wählen, von welchen jeder für sich eine gewisse Partie des gesammten Wissens über diese Ordnung berührt und die alle nur durch das lose Band des behandelten Gegenstandes selbst zusammengehalten erscheinen. Den Abbildungen der Samen und Fruchtformen eine eigene, sie wissenschaftlich erläuternde Beschreibung beizugeben, hielt ich der grossen Einfachheit ihrer Structur wegen für überflüssig und glaube durch möglichste Treue der Auffassung in dieser Hinsicht billigen Anforderungen zu genügen, und letzteren durch Beifügung weniger Worte in dem angehängten Verzeichnisse derselben, wo es mir noth zu thun schien, zu entsprechen.

Wien, am 12. April 1862.

Der Verfasser.

Keimung der Orchideen-Samen und Aufbau der Pflanze.

Allgemeine Erscheinungen.

Der Keimling der Orchideen-Samen von Arten aus den verschiedensten Gattungen und Gruppen dieser Ordnung zeigt bei aller Mannigfaltigkeit in der Bildung der *Testa* (Samendecke) doch nur äusserst unbedeutende Unterschiede in seiner Gestalt und Färbung.

Der Grund dieser Erscheinung liegt in dem geringen Grade der Entwickelung, auf welchem er im Vergleiche mit dem der Samen fast aller anderen Embryonal-Pflanzen zur Zeit ihrer Reife typisch stehen bleibt, und darin besteht, dass er sich nur wenig über den Bildungsgrad der sogenannten Keim- oder Embryo-Kügelchen erhebt, in welchem Stadium man noch keine Differenzirung der Gewebemasse in ein Cotylidonar- und Radicular-Ende gewahrt. Erst im Verlaufe des Keimungs-Processes entwickelt sich ein Bildungsherd für eine oder wie bei *Angraecum maculatum* für zwei und selbst drei Knospen.

Die Unterschiede zwischen den Embryonen der einzelnen Orchideen-Arten aus verschiedenen Gruppen treten daher erst in späteren Stadien der Keimung und Entwickelung der primären Axe hervor. Bei allen keimenden Orchideen-Samen findet vorerst ein gleichförmiges, in seltenen Fällen, wie bei *Sobralia macrantha* (siehe Tab. II, Fig. 2), ein walziges Schwellen des ganzen mehr oder minder kugeligen Keimlings statt, in Folge dessen die Testa entweder an ihrem oberen Ende oder in der Mitte unregelmässig berstet und entweder ganz abgestreift wird (siehe Tab. II, Fig. 6 *b*), oder zurückgeschlagen oder in Fetzen zerrissen (siehe Tab. II, Fig. 3 *a*) noch einige Zeit am Nabelgrunde anhängt. In der Regel bedarf der Keim nach geschehener natürlicher oder künstlicher Samen-Aussat auf Erde oder Baumrinde unter Zutritt von Luft, Licht, namentlich aber von feuchter Wärme, acht bis zehn Tage bis zur Sprengung der Testa. In diesem Stadium erscheint der Keimling als ein kaum mit freiem Auge wahrnehmbares, lebhaft grünes oder fahlweissliches Kügelchen, welches nach ein paar Tagen an seinem oberen Ende ein stumpfes Wärzchen treibt (siehe Tab. II, Fig. 3 *b*), das ziemlich schnell zu einem etwas gekrümmten

Zäpfchen auswächst und sich später als das erste an seinen Rändern eingerollte Blattgebilde (Cotyledon?) erweist (siehe Tab. I, Fig. 21 *b*).

Mittlerweile hat sich auch der Mittelkörper des Keimlings bedeutend verdickt und verbreitert, während das untere Ende eine stumpfe Walzenform annimmt und keine Neigung weiter zu wachsen zeigt (siehe Tab. II, Fig. 5 *c*).

Das Ganze bildet nunmehr eine mit ziemlich breiter Basis auf der Unterlage ruhende eiförmige oder eiförmig-kugelige dichtzellige Masse, welche durch die bereits begonnene Bildung von Gefässen im Inneren die Bedeutung einer Knospe oder, was in einer gewissen Beziehung dasselbe ist, einer winzigen primären Knolle gewonnen hat.

Dem entsprechend will ich auch den in diesem Stadium der Keimung begriffenen Embryo der Kürze wie der nöthigen schärferen Bezeichnung gegenüber der secundären Bildung von Knollen wegen: Keimknöllchen (Keim oder Embryone, nach Irmisch) nennen und obige Bezeichnung auch in der Folge für diesen Theil der keimenden Pflanze beibehalten.

Während das Keimknöllchen nunmehr an Grösse zunimmt und am Grunde sich mehr oder minder verflacht (siehe Tab. I, Fig. 20, 24), spriessen bei *Orchis mascula*, *O. variegata*, *Goodyera repens* und *Sarcanthus rostratus* rings um dessen breitere Basis büschelförmig beisammenstehende, abstehende, glashelle, ungegliederte, gerade, feine Haare (siehe Tab. I, Fig. 21, 25) und zwischen diesen, bei *Bletia verecunda* (siehe Tab. II, Fig. 5 *a*, *b*), allmählich und immer zahlreicher werdende bandförmige, glashelle, ungleich längere, wurmförmig geschlängelte oder gedrehte und stumpf endende Organe hervor, ähnlich den Haftfasern des Flechten-Thalus oder jener der Laub- und Lebermoose.

Diese Haft- und Ernährungs-Organe (welches letztere sie wahrscheinlich auch zugleich sein dürften) verbreiten sich rings um das Keimknöllchen und befestigen es sichtlich auf seiner Unterlage, ja schwinden selbst dann nicht einmal, wenn das erste Wurzel-Organ am jungen Pflänzchen zur Entwickelung kömmt. Man trifft sie selbst noch zur Zeit der Entwickelung des dritten Blättchens (siehe Tab. I, Fig. 9 *e*) in der genetischen Folge bei *Bletia verecunda*, und sicher noch bei vielen anderen.

In dem Maasse, als das Keimknöllchen sich am Grunde verbreitet wie bei der genannten *Bletia* sogar stumpf und ausgebuchtet erscheint, wächst auch das an dessen Spitze befindliche, früher erwähnte, an seinem freien Ende anfänglich etwas gekrümmte Zäpfchen gerade werdend fort, und zeigt dann bald unter seiner Spitze eine Längsspalte, welche sich immer mehr öffnet und der Gewebsmasse des Zäpfchens gestattet, sich daselbst etwas blattartig auszubreiten.

Dieses erste Blättchen (nachwachsendes Keimblatt, Cotyledon, wenn man es so bezeichnen will) ist in diesem Stadium, bei hundertmaliger Vergrösserung, glänzend und hellgrün, auf beiden Seiten farblos, und nur aus Parenchym-Zellen zusammengesetzt. Bald erhebt sich ihm gegenüber aus dem Grunde des Spaltes (siehe Tab. I, Fig. 16) das zweite Scheidenblättchen anfänglich eben so zusammengerollt wie das erste und später in gleicher Weise aus dem Spalte des zweiten, das dritte Scheiden- oder das erste Laubblatt; bei anderen Formen wohl noch ein viertes, vielleicht selbst ein fünftes Scheidenblatt.

Das zweite Blättchen stimmt in allem und jedem mit dem ersten vollkommen überein, nur entspringt es schon merklich höher als dieses am Scheitel des Keimknöllchens. Das dritte wieder um etwas höher als das zweite entspringende Blättchen kennzeichnet sich häufig schon durch ein derberes Parenchym, deutliche Bildung eines Mittelnerves grösserer Länge und grüne Färbung entschieden als eine Uebergangsstufe zum Laublatt, im Falle ein solches als viertes Blättchen schon folgte.

.   Mit dem Auftreten dieses dritten Blättchens beginnt erst die Wurzelbildung sich einzustellen und mit dem Erscheinen dieses Organes sich zugleich auch die Unterschiede kundzugeben in dem weiteren Verhalten und der Entwickelung des jungen Pflänzchens, welche die Erd- und Luftknollen oder stammbildenden Orchideen charakterisirt.

Worin selbe bestehen, davon soll sogleich und später noch die Rede sein. Vorläufig will ich in dieser Hinsicht nur bemerken, dass das Keimknöllchen bei den Erd- und Luftknollen bildenden Orchideen nur so lange vegetirt, als die nunmehr sich bildende Nebenaxe ihre Umwandlung in eine Erd- oder Luftknolle noch nicht begonnen hat und die Terminal-Knospe sich noch nicht zum später laub- oder blüthentragenden Spross zu entwickeln anschickt.

Bei den stammbildenden Orchideen beginnt das allmähliche Schwinden des Keimknöllchens gewöhnlich mit dem Erscheinen der ersten echten Adventiv-Wurzel am ersten Internodium der jungen primären Axe, zu welcher die Terminal-Knospe des Keimknöllchens heranwächst.

Diess im Allgemeinen die ersten Vorgänge bei dem Keimen der Orchideen-Samen, wie ich an den Samen von *Orchis variegata*, *Gymnadenia conopsea*, *Bletia verecunda*, *Sarcanthus rostratus* und *Goodyera repens* beobachten konnte. Wahrscheinlich dürfte diese Art von Keimungs-Vorgang sich bei der Mehrzahl der Orchideen mit geringen Modificationen in der Form des Keimknöllchens, der Stellung der sich entwickelnden Knospe, der Zahl und Beschaffenheit der ersten Blattorgane wie der Lage der Ursprungsstelle des ersten Wurzelgebildes wiederholen und Anspruch auf die grösste Allgemeinheit in dieser Ordnung machen.

Einen von der eben geschilderten Keimungsweise ganz abweichenden Vorgang fand Prillieux und Rivière bei den Samen von *Angraecum maculatum* (Ann. d. sc. nat. IV. Ser. Vol. 5. p. 119 p. 5—7). — Bei diesen treibt das anquellende birnförmige Keimknöspchen an unbestimmten Stellen seines kolbigen Endes zwei bis drei bald einander näher bald entfernter stehende stumpfe Knöspchen mit einem breiten Vegetations-Kegel, wodurch die beiden zuerst angelegten winzigen Schuppenblättchen häufig weit von einandergerückt erscheinen.

In der Achsel jeder der zwei Schuppen bildet sich rasch ein neues Knöspchen mit der Anlage wechselständiger Schuppenblättchen und Knöspchen in ihren Achseln aus, wobei sich die Axe der primären Knospen wie der der zweiten und dritten Generation verhältnissmässig mehr verdickt als verlängert. Die Hauptmasse des Keimknöllchens erscheint durch diese Knospenbildung anfänglich wohl verstärkt, verfliesst aber mit der zunehmenden Streckung und Verzweigung der primären Sprosse unmerklich in diese selbst.

In nicht sehr langer Zeit hat sich durch das ungleiche Auswachsen dieser Knospen verschiedenen Abstammungsgrades ein kleines unregelmässig nach zwei oder drei Richtungen hin horizontal kurz und stumpf verzweigtes *Rhizom* aus den Keimknöllchen erzeugt, ähnlich dem bekannten Wurzelstocke von *Corallorrhiza innata* und *Epipogium aphyllum*. Nun erst entwickelt sich (nach Prillieux und Rivière) eines der Knöspchen dritter und vierter Ordnung zu einem scheiden- und laubblatttragenden Spross, der am Grunde seines ersten Internodiums die erste Adventiv-Wurzel treibt. Ist diess geschehen, so beginnt das ganze Rhizomgebilde gleich dem Vorkeime bei den selbstständig entwickelten Sprossen abzusterben und hängt hart unter der Ursprungsstelle der ersten Adventiv-Wurzel, verschrumpft noch längere Zeit mit ihm zusammen.

Wir hätten somit zwei wesentlich verschiedene Keimungsweisen der Orchideen-Samen kennen gelernt, von welchen die eine und wie es scheint häufiger vorkommende sich mehr der Keimungsweise der übrigen *Phanerogamen* durch unmittelbares Auswachsen der einzigen am Keimknöllchen sich bildenden Knospe zum primären Laubspross nähert, während die andere ihn erst aus einem transitatorischen Axengebilde anderer Art fördert, welches aus einer rhizomartigen Verzweigung mehrerer auf dem Keimknöllchen sich entwickelten Knospen hervorging und dadurch sich in einer gewissen Hinsicht den Keimungsvorgängen bei den Gefäss-Kryptogamen nähert.

Besondere Erscheinungen
der Keimpflänzchen in den ersten Lebens-Perioden bei dem Keimen der Orchideen-Samen, nach Verschiedenheit der Gruppen.

I. Erdknollen bildende Orchideen.
(Siehe Tab. I. Fig. 4, 5.)

Nachdem der Same auf feuchter Erde ausgestreut ist, schwillt, wie schon oben bemerkt wurde, beim Beginne der Keimung das Keimknöllchen dermassen an, dass es die Samendecke (Testa) förmlich abstreift (siehe Tab. II, Fig. 6. *b*) und dann als ein dem freien Auge kaum sichtbares, fahlbräunlich-grünes Kügelchen erscheint. Durchschnitte zeigen unter dem Mikroskope (siehe Tab. II, Fig. 4) eine gleichförmig zellige, mit einem kleinen Wärzchen am Scheitel versehene Masse (den Vegetations-Kegel), an dessen entgegengesetztem Ende die zusammengeschobene Samendecke hängt (siehe Tab. II, Fig. 3 *a*).

Nach Verlauf von acht bis zehn Tagen erhebt sich das Wärzchen am Scheitel des Keimknöllchens und wächst zu einem kegelförmigen Gebilde aus, an dessen oberem Ende man eine kleine Längsspalte gewahrt. Aus dieser Spalte drängt sich bald ein zweites, drittes und zuweilen selbst noch ein viertes Scheideblatt hervor, welches dann rasch an Länge zunimmt, röhrenförmig verwachsen oder eingerollt bleibt, nach oben sich erweitert und eine schief abgestutzte dütenförmige Gestalt annimmt. Gleichzeitig mit der Bildung des dritten oder vierten Blättchens bricht nun am oberen Ende des Keimknöllchens, hart am Grunde des ersten Blättchens, seinem Spalte gegenüber oder zwischen dem ersten und zweiten Blättchen am Grunde der sich entwickelnden Axe ein Wurzelgebilde, eine Adventiv-Wurzel, hervor (siehe Tab. I, Fig. 21, 26).

Sie ist weiss, glashell, verlängert sich rasch und dringt senkrecht in den Boden ein. Das Keimknöllchen nimmt während dieser Vorgänge fortwährend an Grösse zu. Seine Oberfläche wird in Folge des Schwindens seiner Hafthaare nunmehr glatt, glänzend und verliert sich in's Weisse. Kaum dass sich die Wurzel in den Boden versenkt hat, verschwindet auch das Keimknöllchen von der Erdoberfläche und befindet sich jetzt schon bis zwei Linien tief unter ihr im Boden vergraben.

Mit der fortschreitenden Verlängerung dieser Wurzel wird das Keimknöllchen immer tiefer in den Boden hinabgezogen, so dass es im nächsten Jahre, je nach der Beschaffenheit des Bodens, bereits einen halben Zoll, im dritten Jahre selbst einen bis zwei Zoll tief versenkt erscheint. Gegen das Ende der ersten Vegetations-Periode beginnt die Anlage des ersten Knollens, welcher seine Ausbildung im nächsten Jahre erlangt und damit erst das Schrumpfen und Verwesen des Keimknöllchens einleitet.

Die Anlage des ersten Knollens geschieht, wie Irmisch ganz richtig bemerkt, bald hart am Grunde unter dem ersten Keimblättchen, etwas seitlich bei den Orchideen, wenigstens bei den Orchis- und Ophrys-Arten; bei anderen hingegen, wie es scheint, innerhalb desselben, am Grunde der noch ganz unentwickelten Axe der Terminal-Knospe, und verhält sich dann so wie jede Axillar-Knospe. Sie bildet sich im Innern der Axe als eine Halbkugel aus, welche im seltenen Falle das Parenchym des Keimknöllchens, im letzteren den Rücken des ersten Keimblättchens durchbricht und sich sodann schräge abwärts mit ihrem kolbig aufgetriebenen Ende verlängert, oder unmittelbar an der Axe des Keimpflänzchens sitzend, sich sofort vergrössert. Das Durchbrechen und die weitere Entwickelung des ersten Knollens fällt erst in die nächste Vegetations-Periode und in diese auch die Entwickelung der zweiten und dritten Adventiv-Wurzel, welche aber gleich den folgenden nicht mehr senkrecht in den Boden, wie die primäre, hinabsteigen, sondern mehr horizontal oder schräge verlaufen. Ueber den Bau des Knollens, seinen Zusammenhang mit der Axe des primären Sprosses, seine morphologische Deutung und die Art der Anlage des zweiten und der folgenden Knollen im Laufe der Jahre, sowie über die Beschaffenheit der zweiten und folgenden Adventiv-Wurzeln haben Irmisch in seinen „Beiträgen zur Biologie und Morphologie der Orchideen (1853)," sowie bezüglich der Orchideen und der Bildung ihrer Knollen J. H. Fabres in den „Annales d. Sc. n." vortreffliche Arbeiten geliefert, welche mir bei meinem Studium von grösstem Nutzen waren.

Ein Organ aus der Reihe der bei dem Keimen der Samen im ersten Jahre bereits sich entwickelten verdient seiner doppelten Function wegen einer besonderen Erwähnung. Es ist diess die erste sich bildende Adventiv-Wurzel, welche ich als die primäre Wurzel von Erdknollen bildenden Orchideen bezeichnen will. Mit Bezugnahme auf das bereits oben erwähnte Verhalten derselben zum Keimknöllchen und seines Verschwindens von der Oberfläche des Bodens, auf welchem es gekeimt, nachdem die Wurzel in den letzteren eingedrungen ist, habe ich Folgendes zu bemerken:

Hebt man ein keimendes Pflänzchen von *Orchis mascula* oder *O. variegata* zur Zeit, in der sich die Wurzelspitze bereits einige Linien tief in den Boden versenkt hat, aus demselben behutsam aus, so gewahrt man schon bei entsprechender Vergrösserung, dass die ganz glashelle Wurzel zunächst an ihrem Grunde zahlreiche Querwurzeln und hier eine helle Lederfärbung zeigt (siehe Tab. I, Fig. 16 *b, c*), während sie im ganzen übrigen Theile rein weiss und durchscheinend ist. Einige Wochen später lässt sich das Pflänzchen nicht mehr aus dem Boden ziehen, ohne die Wurzel zu zerreissen.

Nach behutsamen Entfernen der Erde gewahrt man, dass das Pflänzchen sammt dem Keimknöllchen

seither tiefer in die Erde gezogen wurde, indem das vierte Scheidenblättchen sich in gleicher Nähe mit der Erdoberfläche befindet, dessen Achse sich aber bedeutend verlängerte. Das Keimknöllchen hat an Umfang bedeutend zugenommen und erscheint nunmehr rein weiss von Farbe und spiegelglatt. Die Runzeln am oberen Theile der Wurzel haben sich vermehrt und tiefer verfärbt, sie selbst ist um Vieles länger geworden und am unteren Ende wie zuvor rein weiss geblieben. (Siehe Tab. I, Fig. 16 *b, c*.)

Mit dem Eintritte der zweiten Vegetations-Periode schwillt die Axe der sich verlängernden Knospe am Grunde an, bekleidet sich wie im Vorjahre mit vier Scheiden, auf welche zwei Laubblätter folgen. Hebt man, nachdem die zwei Laubblätter sich zu entwickeln beginnen, ein solches Pflänzchen behutsam aus und entfernt die anhängende Erde, so sieht man den jungen Erdknollen bereits in der bekannten Form, wie er an blühbaren Individuen erscheint — ausgebildet, rein weiss, glatt und minder gross als bei letzteren. Von neuen, wagrecht abstehenden Adventiv-Wurzeln zählt man bereits drei oder vier im Umkreise des jungen Triebes. Sein unteres Ende liegt jetzt bereits 1 bis 2½ Zoll unter der Erdoberfläche. Die primäre Wurzel hat sich während dieser Zeit nicht mehr verlängert, sie ist im Gegentheile bedeutend kürzer, ihrer ganzen Länge nach runzlig und gleich den jüngeren Adventiv-Wurzeln hellbraun gefärbt geworden, durch ihre senkrechte Richtung jedoch von diesen leicht zu unterscheiden. Erst mit dem Eintreten der dritten Vegetations-Periode verschwindet sie sammt dem Keimknöllchen vollständig. Die junge Pflanze entwickelt nun mehrere Laubblätter und ernährt sich jetzt allein durch ihre am äussersten Theile der Axe fortwährend hervorbrechenden Adventiv-Wurzeln. Sie sinkt aber von nun an nicht tiefer mehr in den Boden.

Diess lehrten mich wenigstens meine, mehrere Jahre hindurch mit grösster Sorgfalt fortgesetzten Beobachtungen.

Unwillkürlich fragt man sich angesichts dieser Thatsache: Wie vermochte wohl diese Wurzel die ganze Pflanze in einer verhältnissmässig so kurzen Zeit so tief unter die Oberfläche des Bodens zu ziehen? denn anders als Herabziehen kann man doch wohl dieses Versenken in die Tiefe nicht nennen und es eben so wenig durch ein allmähliches Einschlämmen, wie durch ein mechanisches Untersinken in Folge ihrer Schwere erklären!

Dass die zeitweilige Lockerung des Bodens durch Regengüsse und schmelzenden Schnee, mit damit wechselnder unregelmässiger Zusammenziehung der Erdkrume zur Beschleunigung des Herabsteigens der Pflanze beitragen dürfte, wird wohl Niemand in Abrede stellen, aber damit ist das Wesen dieser Erscheinung noch lange nicht erklärt; denn wären diese Momente die einzig massgebenden hiebei, so müssten sich Tausende eben so winziger und ungleich schwererer mit und neben diesen Orchideen - Sämlingen aufspriessenden Pflänzchen eben so schnell und eben so tief, ja vielleicht noch tiefer als jene, in den Boden versenken.

Diess ist nun aber nicht der Fall, vielmehr trifft man unter den perennirenden Gewächsen gar viele, welche sich, sobald sie sich nur einigermassen bewurzelt haben, mit ihrem untersten Stamm-Ende entschieden über die Erdoberfläche erheben. Jene müssen daher durch irgend eine von der Pflanze selbst ausgehende Bewegung gewaltsam in den Boden getrieben und der Sitz dieser bewegenden Kraft darf doch wohl in keinem anderen Organe als in der primären Wurzel selbst gesucht werden. Die rasche Verlängerung der Wurzelspitze nach abwärts kann bei dem Mangel aller spontanen Contractilität der Pflanzenzelle diesen Zug nach abwärts für sich allein nicht bewirken und letzterer nur aus einer mit der fortschreitenden Verlängerung der Wurzelspitze Hand in Hand gehenden Verkürzung des oberen und älteren Theiles der Wurzel resultiren. Eine solche Verkürzung kann aber nur durch ein successiv vom Grunde gegen die Spitze der Wurzel fortschreitendes, zusammenziehendes Gewebe in ihrem ganzen Umfange entstehen, das sich durch Bildung zahlreicher Querwurzeln an ihrer Oberfläche manifestirt. So genähert müssen diese Runzeln eine Art Schraube bilden und gleich dieser auf den beweglicheren oberen Theil der keimenden Axe wirken, während das untere Ende der Wurzel, sich fortwährend in den dichteren Boden einkeilend, dieser Bewegung als Stützpunkt dient. Je weiter die Runzelung der Oberfläche der Wurzel ihrer Axe entlang fortschreitet, um so kräftiger und rascher muss sich die Wirkung dieser Bewegung äussern, zumal während der beiden ersten Vegetations-Perioden, in welchen der Widerstand, noch der verhältnissmässig kleine Umfang des nachdrückenden Keimknöllchens so wie die relativ geringere Dichtigkeit der obersten Schichten des Bodens den tiefer liegenden gegenüber ihr entgegensetzen. Sie

wird sich in späteren Perioden aus denselben Ursachen wieder mindern und zuletzt ganz aufhören, sobald die Spitze der Wurzel sich nicht mehr verlängert und der Reibungs-Coëfficient der übergrossen Menge sich bildender Wurzeln das Uebergewicht über die bewegende Kraft gewinnt. Der beständige Wechsel von Nässe und Trockenheit an der Oberfläche der Erdkrume so wie der mit jeder wachsenden Tiefe zugleich zunehmende Grad von Bodenfeuchtigkeit müssen als die Motoren dieser schraubenförmigen Bewegung angesehen werden, indem sie ein beständiges aber ungleichförmiges Anquellen und Zusammenziehen der Runzeln vermöge der Hygroscopicität ihres Gewebes entlang der Wurzel bedingen. Letztere wird sich daher in Bezug auf die zu bewegende Masse des Keimpflänzchens genau so verhalten wie ein theilweise benetztes und theilweise trocken gehaltenes Seil bei dem Versuche, eine Last vom Boden aufzuheben, nur mit dem Unterschiede, dass in diesem Falle diese Richtung wie die Lage des Angriffspunktes der zu bewegenden Last sich entgegengesetzt zu diesem, in unserem Falle verhalten.

Ich wüsste in der That nicht, auf welche andere Weise als die angegebene sich das rasche Eindringen des Keimpflänzchens in die Tiefe erklären liesse.

Die erste Adventiv-Wurzel dient daher dem Keimpflänzchen der Erdknollen bildenden Orchideen nicht blos als Ernährungs-Organ, sondern zugleich noch als Förderungs-Werkzeug in die Tiefe, um dort besser als an der Erdoberfläche sein Leben gegen die schädliche Einwirkung zu grosser Wärme- und Kältegrade zu sichern.

Diese Thatsache dürfte wohl auch den Schlüssel zur Erklärung des bald rascheren bald langsamer fortschreitenden Versinkens vieler monocotyledoner Pflanzen in den Boden liefern.

Ein auffallendes Beispiel nachhaltiger Zusammenziehung liefern uns die Wurzeln mancher *Xanthorrhaeen*, von *Kingia australis*, *Cyclobothra lutea* (siehe Tab. I, Fig. 7), *Zamia muricata* u. s. w. Man mag diese Formen bei dem jedesmaligen Versetzen in grössere Töpfe noch so hoch pflanzen, so werden sie doch im Laufe eines einzigen Jahres mittelst ihrer Wurzeln bedeutend unter die Erdoberfläche gezogen.

Dieses Factum ist um so auffallender, als die nach dem Verpflanzen sich neu bildenden und rasch bis an die Wandung des Topfes sich verlängernden Wurzeln auf ein nicht mehr zu bewältigendes Hinderniss stossen und man glauben sollte, dass selbes hinreichte, ihre ziehende Wirkung zum Stillstande zu bringen; nichtsdestoweniger aber dauert diese Thätigkeit fort, und erhält sich wenigstens im Culturzustande zeitlebens.

Wer hierüber Studien machen will, der mag nur irgend einen Samen einer *Liliaceae* zur Hand nehmen und nach den bekannten Cultur-Vorschriften in einen mit Erde gefüllten Topf oberflächlich aussäen und dessen Keimung weiter verfolgen.

Hier sind die echten Adventiv-Wurzeln am unteren Ende oft keulenförmig verdickt, verhältnissmässig länger und stärker als die nachfolgenden Wurzeln und dringen rasch in den Boden ein, während diese sich um erstere aussen gruppiren. Nach einiger Zeit faltet sich die Epidermis der primären Adventiv-Wurzel am Grunde ringförmig, bald folgt eine zweite, dritte und vierte Falte und so fort immer mehrere, von welchen die ältesten sich an- und oft über einander schieben, was man schon mit unbewaffnetem Auge wahrnehmen kann.

Mit der Bildung dieser Falten beginnt aber auch das Untersinken der sich bildenden Zwiebelaxe unter

die Erdoberfläche und schreitet so lange fort, als diese ersten Wurzeln bestehen. Bei verschiedenen Ornithogalum-Arten aus der Gruppe von *O. pyrenaicum* und *O. narbonense*, dann bei *Muscari, Narcissus* und *Colchicum* scheinen sich auch die jedes Jahr sich neu erzeugenden Adventiv-Wurzeln gleich jenen zu verhalten und ein fortwährendes Tiefergehen der Zwiebel zu bewirken, so dass es eben keine besonders grosse Seltenheit ist, solche Zwiebeln $\frac{1}{2}$—3 Fuss tief im Boden versenkt zu treffen. An sonnigen Hügeln scheint das Tiefgehen solcher Arten nach mehrjährigen Beobachtungen nicht so bedeutend als auf sogenannten kalten, dem Wind und Stürmen besonders ausgesetzten Gründen stattzufinden. Es ist, als suche die Pflanze hier tiefere Lagen, um sich möglichst vor der Einwirkung der strengeren Kälte zu schützen.

Mein hochverehrter Freund, Herr Professor Dr. Fenzl, hat mir über die wahrscheinliche Art der stattfindenden schraubenförmigen Bewegung der Wurzel schätzbare Winke und Mittheilungen gemacht, wofür ich ihm meinem wärmsten Dank zu sagen alle Ursache habe!

II. *Luftknollen bildende Orchideen.*

Bei den Luftknollen bildenden Orchideen durch-

bricht das schwellende Keimknöllchen seine Testa und treibt, so weit meine Erfahrungen reichen, gleich

den Erdknollen bildenden nur ein Knöspchen an seinem abgerundeten Scheitel.

Bei *Bletia verecunda* (siehe Tab. II, Fig. 5 *d*) entfaltet sich schon das erste Scheideblättchen bedeutend stark und breitet sich aufrecht stehend mässig aus, und ebenso auch die beiden folgenden.

Das Keimknöllchen, welches mittlerweile an Grösse zugenommen, zeigt nunmehr eine breite Basis und unförmliche Ausbuchtungen, welche selbst lappige Formen annehmen. Doch gelang es mir nie auf letzteren Knospen hervorbrechen zu sehen. Die erste Ernährung besorgen die mit feinen geraden Haaren untermengten, büschelförmig beisammenstehenden, flachen, schwach gewundenen Wurzelhaare, die das Samenknöllchen nach allen Richtungen entsendet, und mit welchen es sich zugleich an die nächstbefindlichen Gegenstände heftet (siehe Tab. II, Fig. 5 *a, b*).

Sobald die ersten drei Blättchen ihre Ausbildung erreicht haben, folgen zwei oder drei weitere nach. Selbe nehmen an Grösse bedeutend zu und lassen bereits deutlich die Blattform erkennen, welche die ausgebildete Pflanze auszeichnet. Mit der Bildung von 5—6 Blättchen im Ganzen schliesst die erste

Vegetations-Periode und der Sämling verharrt in diesem Zustande bis zur nächsten Vegetations-Periode, um dann weiter fortzuschreiten.

Während der Ruhezeit vertrocknen gewöhnlich die beiden ersten Blättchen vollständig und fallen mit Hinterlassung deutlich sichtbarer, ringförmiger Narben von dem Keimknöllchen ab.

Die zweite Vegetations-Periode beginnt mit dem Hervorbrechen des ersten, auffallend dicken Wurzel-Organes aus dem obersten Theile des Keimknöllchens (siehe Tab. I, Fig. 9 c). Gleichzeitig schwillt nunmehr auch die Knospenaxe zwischen dem ersten und dritten Scheideblättchen mehr oder minder an, und prädisponirt die Gestalt des sich in der nächsten Periode ausbildenden primären Luftknollens. (Siehe Tab. I, Fig. 9 b.)

Im Laufe dieser zweiten Vegetations-Periode gewinnen die zwei oder drei obersten Blätter aus der ersten Vegetations-Periode zusehends an Umfang und nehmen allmählich ihre spätere charakteristische Gestalt an.

Die primäre Adventiv-Wurzel krümmt sich nur wenig nach abwärts und entsendet aus ihrer unebenen, höckerigen Oberfläche Büschel verschiedener dicker und langer, nach allen Richtungen hinabstehender Wurzelhaare, mittelst welcher sie sich an die zunächstliegenden Gegenstände anheftet (siehe Tab. I, Fig. 9 d).

Zu Ende der zweiten Vegetations-Epoche finden wir die junge Pflanze mit zwei oder drei ausgebildeten Blättern und ihrer auffallend kräftig entwickelten Adventiv-Wurzel versehen, welche jedoch keine Neigung zeigt in die Erde einzudringen.

In der Achsel des dritten, vierten und zuweilen des fünften Blättchens erscheinen bereits die ersten Astknospen, welche angelegt sind, jedoch nur erst nach vorsichtiger Entfernung der ersteren bei mässiger Vergrösserung sichtbar.

Während der Ruhezeit schwindet nunmehr auch das dritte und zuweilen auch das vierte Scheideblättchen gänzlich und lösen sich vertrocknet von der bereits merklich verdickten primären Knospenaxe ab.

Die dritte Vegetations-Periode fördert eine dieser angelegten Axillar-Knospen, zumeist die zu unterst stehende, zum Spross, während die übrigen sogenannte schlafende Augen bleiben.

Während dieser Periode schrumpft und verwest allmählich das Keimknöllchen. Ihm folgen bald auch die noch übrigen Blätter der primären Axe nach, und

zuletzt, nachdem die zweite und dritte Adventiv-Wurzel sich an ihren gestauten Internodien entwickelt haben, auch die primäre.

In der Zeit der Ruhe, zu welcher der Achselspross gewöhnlich schon hinlänglich erstarkt ist, fällt dann die erste, bis dahin verschrumpfte Adventiv-Wurzel ab.

Bei dem Eintritte der vierten Vegetations-Periode ist die junge Pflanze in gewisser Hinsicht vollkommen aufgebaut, durch ihre eigene Adventiv-Wurzel gestützt und ernährt.

Von jetzt an schreitet die Entwickelung der primären Axe sammt den Axillar-Sprossen, zu welchen sich die im Vorjahre angelegten Knospen entwickeln, in derjenigen Weise vor, welche den verschiedenen Gruppen eigen ist, in welche die Luftknollen bildenden Orchideen zerfallen. Ob die Art der weiteren Entwickelung der primären Axe hiebei stets massgebend für die der Sprossen aller folgenden Ordnungen bleibt oder nicht, wage ich nicht zu behaupten, vermuthe aber, dass diess wenigstens bei der Mehrzahl der Formen der Fall sein dürfte.

Bei jenen Orchideen, welche, der Entwickelung von *Gongora bufonia* folgend, eiförmige Luftknollen erzeugen, werden im Laufe der zweiten Vegetations-Periode des keimenden Pflänzchens die ersten Axillar-Knospen in der Achsel der beiden vorletzten Scheideblättchen angelegt und schwillt das Internodium der primären Axe zwischen dem letzten Scheide- und ersten Laubblatt zum Luftknollen an, wenn überhaupt mehr als ein einziges Laubblatt an der Axenspitze angelegt worden sein sollte. Gewöhnlich sind es jedoch zwei bis vier Laubblätter, welche das nicht weiter fortwachsende Ende der Axe krönen und nicht weiter mehr auseinanderrücken. In ganz ähnlicher Weise bilden sich in der nächsten und den späteren Perioden die Achselsprossen, indem sich an ihrer gestauten Axe fünf bis sechs Scheideblättchen und ein bis vier Laubblätter anscheinend gleichzeitig entwickeln. Letztere wachsen auffallend rascher als die ersteren und werden durch die unter ihnen zunehmende Verdickung des letzten Internodiums von jenen bald deutlich entfernt (siehe Tab. I, Fig. 1).

So geschah es denn mehrere Jahre hindurch,

währenddem die primäre und die beiden secundären Luftknollen so weit erstarkten, dass sich ein Blütenstand am Grunde des ältesten Triebes entwickeln konnte.

Ganz ähnlich scheint es sich mit der Anlage der Knospen und des ersten Luftknollens bei den Orchideen der Gruppe mit eiförmig plattgedrückten Luftknollen zu verhalten, wie sie bei *Miltonia* und *Brassia* vorkommen. Nur entwickeln sich die Axillar-Knospen nicht in den Achseln der unteren blattlosen Scheiden, sondern in jenem der zwei ersten nachfolgenden blatttragenden, oder auch nur eine Knospe in der Achsel des ersten derselben. Das auch hier das Axen-Ende krönende einzige wahre Laubblatt, oder Blattpaar, entwickelt sich dagegen nur sehr langsam und ebenso auch das sie tragende Internodium, welches zum plattgedrückten, eiförmigen Luftknollen heranwächst. Bei dieser wie bei der vorhergehenden Form erscheint letztere nur aus einem einzigen unverhältnissmässig stark entwickelten Axengliede gebildet (siehe Tab. I, Fig. 2).

Anders verhält es sich mit der Bildung der Luftknollen bei den mit sogenannten walzenförmigen Luftknollen auftretenden Orchideen, wie an den Catasetum-Arten.

Hier ist es die ganze, aus lauter gestauten Internodien gebildete Axe, welche, walzenförmig anschwellend, sich zum Luftknollen umbildet und in den Achseln ihrer untersten laublosen Scheiden-Knospen anlegt. Derlei Luftknollen erscheinen desshalb zuerst an ihrem unteren Ende, später bis zur Mitte und über sie hinaus nach dem Abfallen der laublosen und laubtragenden Scheideblätter geringelt (siehe Tab. I, Fig. 13).

Bei den Orchideen mit langgestreckten, mehr oder minder zusammengedrückten Luftknollen, wie sie die Cattleya-Arten zeigen, findet das Schwellen der sich langsam streckenden Internodien in verschiedener Höhe und den unteren Scheideblättern statt, wobei die Anlage der Kospen nicht in den Achseln der untersten, sondern in den der oberen Scheideblättern stattfindet. Die Entwickelung der Laubblätter eilt der Streckung und Verdickung der Internodien bedeutend voran. (Siehe Tab. I, Fig. 12.)

Die Ansichten über den Aufbau der Knollenformen bei den Orchideen sind ziemlich übereinstimmend. Man betrachtet die Luftknollen- und Erdknollenbildung im Allgemeinen als wesentlich verschiedene Bildungen. Meine vielfachen Studien an epiphytischen und terrestrischen Orchideen haben zu dem Resultate geführt, dass eine wesentliche morphologische Differenz bei diesen Gebilden nicht bestehe, und dass die vorhandenen Unterschiede nur in der Modification des Entwickelungsganges begründet sind. Wir finden die Laubknospen der Phanerogamen im Allgemeinen in der Art angelegt, dass sich an einem Knospenkegel (Knospensäulchen) unten schuppenartige, weiter oben laubartige Blätter übereinanderstellen. Knospen, welche auf einem rhizomartigen, unter- oder oberirdischen Stamme stehen, besitzen in der Regel eine grosse Anzahl von schuppenartigen oder scheidenartigen, den Laubspreiten entsprechenden Blättern. In dem Maasse als hier der untere Theil des Knospensäulchens mit seinen Schuppenblättern oder Scheidenblättern sich ausdehnt, tritt die Axe gestreckt hervor, bilden sich entschiedene Internodien, und die Spitze der Axe wächst in einen Laubspross aus. Bei den Luftknollen bildenden Orchideen sieht man auf diese Art das Knospensäulchen zum Luftknollen sich entwickeln und je nach Verschiedenheit der Abtheilungen eine der vier von mir unterschiedenen Formen des Luftknollens bilden. Aber schon bei der Anlage der Knospe findet sich hier hinsichtlich der Blattformen eine constante Verschiedenheit, indem bei der ersten Form „eiförmige Luftknollen" (siehe Holzschnitt Seite 7), blattlose (spreitenlose) Scheiden (a) und wahre (höher entwickelte scheidenlose) Laubblätter (c); bei der zweiten Form „eiförmig plattgedrückte Luftknollen" (siehe Holzschnitt S. 8 linke Spalte), blattlose Scheiden (*a*), blatttragende (spreitentragende) Scheiden (*b*) und wahre Laubblätter (*c*); bei der dritten Form „walzenförmige Luftknollen" (siehe Holzschnitt S. 8 linke Spalte), blattlose Scheiden (*a*) und blatttragende Scheiden (*b*); und endlich bei der vierten Form „langgestreckte mehr oder minder plattgedrückte Luftknollen" (siehe Holzschnitt S. 8 rechte Spalte), sich blattlose Scheiden (*a*) und wahre, hier immer fleischige, dicke Laubblätter (*c*) bilden.

Wir sehen bei diesen vier Luftknollen - Formen genau, dass diese Gebilde nichts anderes als Ausdehnungen und Anschwellungen des Knospensäulchens sind. Dieses Verhältniss des Knollens zur übrigen Axe und zur ursprünglichen Knospe ist hier jedoch weit anschaulicher als bei den Orchideen, welche Erdknollen bilden.

Wenn man die Entwickelung des Knollens einer Erd-Orchidee verfolgt, z. B. bei *Orchis variegata*, so findet man, dass die erste Anlage der Knospe nicht verschieden ist von jener der Luftknollen bildenden Orchideen; aber kaum dass sich die Knospe vordrängt, wird man schon ein seitliches Anschwellen gewahr und hierdurch ein Verwerfen (Verrücken, Zurseiteschieben) der hier regelmässig angelegten Scheiden deutlich bemerken. Diese seitliche Anschwellung macht so rasche Fortschritte, dass binnen einigen Wochen schon das Ende der Knospe theilweise aus seiner ursprünglichen Lage verdrängt ist, und öfters von der seitlichen Wucherung des Knospensäulchens, wie z. B. bei *Ophris*, gänzlich eingesackt wird. Im

Anfange des Monats März ist die Knollenbildung so weit vorgerückt, dass man ganz genau sehen kann (siehe Tab. I, Fig. 4, 5 *a*), wie auffallend die Scheiden von ihrem ursprünglichen Platze verschoben sind, ja einige derselben (siehe Tab. I, Fig. 14, 18 *b*) geradezu umgekehrt zu stehen kommen; es ist auch bemerkenswerth, dass unter diesen Scheiden keine Verwachsungen stattfinden. Die seitliche Verdickung des Knospensäulchens wächst nun zu den verschiedenen runden und lappigen Formen der Erdknollen-Gebilde heran, aber bei sorgsamer Besichtigung wird man immer entweder Reste der nun gänzlich vertrockneten Scheidenblätter oder die Narben, welche dieselben an dem Erdknollen zurücklassen, beobachten können. Gleichzeitig mit dem Anschwellen des Erdknollens fängt der bisher ruhende Theil der Knospe rasch zu vegetiren an, durchbricht die Hindernisse, welche ihm durch die Anschwellung oft im Wege stehen und wächst in einem oberirdischen Laubspross aus und entwickelt bei blühbarer Stärke den Blüthenstand, aber schon vor der Blüthezeit treibt der junge Knollen eine neue Knospe hervor, welche in gleicher Weise die eben geschilderten Entwickelungsphasen durchmacht.

Es wäre demnach, wenn meine Beobachtung und Auffassung richtig ist, der Erdknollen der Orchideen nichts anderes als eine, hier aber durch einseitiges Anschwellen des Knospensäulchens gebildete Knollenform, und demnach kein wesentlicher morphologischer Unterschied zwischen dem Erd- und Luftknollen-Gebilde vorhanden.

III. Stamm-bildende Orchideen mit unbeschränktem Wuchse.

Vanda.

Das Keimknöllchen nimmt während des Keimens bis zur Entwickelung des zweiten Blättchens fortwährend an Grösse zu, indem es sich im übrigen ganz so verhält, wie das der Luftknollen bildenden Orchideen. Mit der beginnenden Streckung der Axe und dem Hervorbrechen des dritten Blattes runzelt sich die Oberfläche des Keimknöllchens und beginnt das langsam fortschreitende Schrumpfen desselben.

Aus dem ersten Internodium der aufwärts strebenden Axe bricht die erste Adventiv-Wurzel in horizontaler Richtung hervor und sucht, sich verlängernd, eine passende Haftstelle an der Unterlage.

Dem dritten Blatte folgt bald das vierte, welches sich sammt der Axe nunmehr um vieles kräftiger als das vorhergehende entwickelt. Das Stämmchen erstarkt zusehends und das rasch folgende fünfte Blatt hat, obwohl noch klein, schon ganz die Form der ausgebildeten Pflanze. Aus jedem folgenden Internodium bricht abwechselnd rechts und links eine weitere Adventiv-Wurzel hervor und sucht gleich der ersten die Baumrinde oder andere passende Plätze zu erlangen, um sich zu befestigen.

Die fernere Entwickelung der Pflanze zeigt nunmehr ein schnelles Erstarken des sämmtlichen Gebildes, wobei sich weder die Gestalt der Blätter noch des Stammes und der Wurzeln verändern. Das Keimknöllchen vermodert und mit ihm beginnt auch das sehr langsame, von unten nach oben fortschreitende Absterben des untersten Endes der primären Axe. In den Achseln der ersteren kräftiger entwickelten Blätter bilden sich nunmehr zu Laubsprossen auswachsende Knospen. Nach Jahren erst treibt die fortwährend sich verlängernde primäre Axe einen seitenständigen Blüthenstand, ohne in ihrem Wachsthume an der Spitze gehemmt zu werden.

Zuletzt gelangen mit ihr auch die sich in derselben Weise entwickelten Aeste erster Ordnung zur Blüthe und das Individuum hat den höchsten Grad seiner Vollkommenheit erreicht (siehe Holzschnitt: *Vanda* und Tab. I, Fig. 27).

IV. Stamm-bildende Orchideen mit beschränktem Wuchse.
(Siehe Tab. I, Fig. 17, *Goodyera repens*.)

Nachdem das Keimknöllchen das erste Blättchen getrieben, drängt sich das zweite, tütenförmig zusammengerollt, rasch vor, und streckt sich die Axe zwischen beiden in Gestalt eines dünnen runden Stielchens. (Siehe Tab. I, Fig. 22.)

Das zweite Blättchen breitet sich nur am obern Ende etwas aus und aus der Mitte des ersten Internodiums bricht die erste kurze stumpfe Adventiv-Wurzel hervor. Aus dem Grunde des tütenförmigen zweiten Blättchens schiebt sich das dritte hervor, welches sich schon bedeutend verlängert und durch die gleichzeitige Streckung sämmtlicher bereits entwickelter Internodien sich von dem zweiten entfernt. Die beiden untersten Blättchen vertrocknen nunmehr schnell, und lassen am Stämmchen deutliche ringförmige Narben zurück; die erste Wurzel erstarkt zusehends, ohne jedoch an Länge bedeutend zu gewinnen. Beim Erscheinen des vierten Blättchens treibt das Pflänzchen zwischen dem dritten und vierten Blättchen aus dem nun bedeutend länger und kräftiger gewordenen Stämmchen an derselben Seite und in gleicher Richtung die zweite Adventiv-Wurzel. Das Keimknöllchen vertrocknet jetzt gänzlich und das Stämmchen endet hier mit einem schmächtigen, stumpfen Ende (siehe Tab. I, Fig. 23). Es folgen nun Blatt auf Blatt, wobei sich auch die Internodien der Axe bedeutend verlängern und erstarken, bis zuletzt aus der Achsel eines der Blätter ein Spross hervorbricht. Die Hauptaxe wächst übrigens so lange fort, bis ihre Endknospe sich zum Blüthenstande entwickelt. Nach der Samenreife stirbt der obere Theil der Axe bis zum kräftigsten Seitenast zurück, der nun rasch heranwächst und in derselben Weise wie die primäre Axe sich weiter entwickelt und verhält.

Nun erübrigt noch jene Orchideen in Betrachtung zu ziehen, welche in keine der oben besprochenen vier Abtheilungen von Orchideen-Formen einzureihen sind.

Wenn ich hier etwas weiter aushole, so geschieht es desshalb, weil ich mehrere interessante Bemerkungen mitzutheilen mir erlaube.

Es ist genügend bekannt, dass die Familie der Orchideen die mannigfaltigsten Formen besitzt, welche irgend eine andere Pflanzenfamilie zu bieten vermag. Auffallende Formen sind bei den Orchideen sehr häufig und ich erlaube mir einige derselben, welche diese herrliche Familie besonders charakterisiren, hier anzuführen; z. B. *Dendrobium cucumerinum* (Lindl.), dessen Laubblattform einer kleinen grünen Gurke gleicht; dann *Lichenora Jerdoniana* (R. W.), deren merkwürdige Laubblattformen Aehnlichkeit mit jenen von *Acrostichum pilloseloides* (Prestl) zeigen; ferner *Chilochista usneoides* (Lindl.), welche gar keine Laubblätter, sondern nur zahlreiche fleischige Wurzeln und Blüthenstände entwickelt. — Nicht minder merkwürdig ist die Gattung *Cyrtosia* (Bl.). Diese Gewächse bilden weitschweifige runde korallenrothe zahlreiche Triebe, besetzt mit ganz kleinen fleischigen Blättchen und geziert mit gelben Blüthen und lebhaft rothen Früchten. Aber nicht minder eigenthümlich sind hier die Samenformen, welche bei den Orchideen dergestalt nur in dieser Gattung vorkommen (siehe Tab. IV, Fig. 15).

Uebergangsformen von Erdknollen zu Luftknollen bildenden Orchideen bieten die Gattungen *Dienia* (Lindl.); *Microstylis* (Nutt); *Sturmia* (Reich); *Calypso* (Salisb.) u. a. m. Vollständig gleiche Bildung, wie die Luftknollen der Tropen-Länder besitzen, finden sich in der gemässigten Zone nur bei *Malaxis paludosa* (Sw.); diese Pflanze gleicht dem Wuchse nach vollkommen der *Burlingtonia rigida* (Lindl.), aus Brasilien.

Unter den Erdknollen bildenden Orchideen der heissen Zone ist *Cephalanthera angustata* (Bl.)? aus Java von hohem Interesse, indem hier nicht wie gewöhnlich ein Knollen neben dem anderen sich bildet, sondern ein Knollen auf dem anderen heranwächst, wie man sich ein Ei senkrecht auf ein

anderes gestellt denkt. Bei dieser Pflanze ist die Knospensäulchen-Verdickung, welche endlich den jungen Knollen bildet, wie auch das Untersinken desselben unter die Erdoberfläche sehr gut zu beobachten. Ich habe dieses äusserst seltene Gewächs eben lebend vor mir und finde hier einen guten Beleg für meine auf Seite 5 und 9 mitgetheilten Beobachtungen.

Hinsichtlich der Formen, welche in meine vier Abtheilungen der Orchideen, nämlich: Erdknollen bildende, Luftknollen bildende, Stamm bildende mit unbeschränktem Wuchse, und endlich Stamm bildende mit beschränktem Wuchse, nicht unterzubringen sind, erlaube ich mir folgende Bemerkungen: Wenn wir *Listera* (R. Br.), *Zeuxine* (R. W.), *Neottia* (Adans), *Cephalanthera* (Rich.), *Limodorum* (L.), *Epipactis* (Cr.) u. s. w. in Betrachtung ziehen, so finden wir, dass diese Formen desshalb in keine der oben genannten Abtheilungen der Orchideen unterzubringen sind, weil sie ihren habituellen Werthen nach ganz gewöhnliche Merkmale bieten, die hauptsächlich darin bestehen, dass der junge Trieb meist in ein kriechendes Rhizom auswächst, welches eben so gestaltet ist, wie es sich bei vielen anderen Pflanzen-Familien findet.

Einige dieser Orchideen-Formen, wie z. B. *Zeuxine*, dürften nur eine kurze Lebensdauer haben, wahrscheinlich sind diess sogenannte zweijährige Gewächse. Bei den verschiedenen Formen der Erdknollen bildenden Orchideen kann man das gewiss oft sehr hohe Alter eines Individuums gar nicht mit Bestimmtheit ermitteln werden, indem bei diesen Gebilden nach Erstarkung des jungen Erdknollens der alte (Mutter-) Knollen gänzlich abstirbt und im Boden spurlos vergeht.

Bei den Luftknollen bildenden Orchideen bleiben die alten Knollen gewöhnlich mehrere Jahre, ja selbst bis zehn Jahre lebend an der Pflanze und sind in diesem Alter immer noch befähiget, ihre schlafenden (ruhenden) Knospen zur vollständigen Entwickelung zu bringen.

Anders verhält es sich aber mit den Formen wie *Microstylis* u. a. m., welche Luftknollen ähnliche Gebilde entwickeln; hier findet sich wie bei den Erdknollen bildenden Orchideen immer nur ein alter Knollen und ein junger Trieb an demselben. Die Umhüllung des alten Knollens ist hier eigenthümlich schwammig, trocken. Diese Zustände, sowohl des Knollens wie auch die Beschaffenheit der Umhüllung derselben, finden sich meines Wissens nicht bei den Orchideen, welche wirkliche Luftknollen bilden, desshalb scheint es mir, dass die Knollen bei *Microstylis, Dienia, Sturmia, Calypso* u. s. w. Uebergangsformen der Erd- zur Luftknollen-Bildung darstellen dürften.

Durch mehrere Jahre, welche ich zur Beobachtung der Keimung und des Aufbaues von *Goodyera repens* an ihrem natürlichen Standorte bei Neuberg in Steiermark widmete, war ich auch gleichzeitig bemüht, die Lebensweise dieser interessanten Pflanzenform genau kennen zu lernen. Zu diesem Behufe liess ich mir grosse, zusammenhängende Massen von Moos (*Hypnum*), zwischen welchem *Goodyera repens* häufig vegetirt, in meine, einige Schritte vom natürlichen Standorte dieser Pflanze entfernte, Behausung bringen. Hier unternahm ich eine behutsame Blosslegung der Pflänzchen von *Goodyera repens*, jedoch immer für genügende Feuchtigkeit sorgend. Nur hier gelang es mir mit Hilfe meines Mikroskopes die so wichtigen Wurzelhaare, welche die Wurzel und der Stamm in zahlloser Menge nach allen Richtungen zwischen den Moosblättchen aussenden, bis zu ihren Enden zu verfolgen (siehe Tab. II, Fig. 7, 8).

Vielfache früher angestellte misslungene Versuche belehrten mich endlich, dass man manche zarte, sehr hinfällige Organe an Pflanzen nur an ihren natürlichen Standorten beobachten könne. Ich habe an mein Plössel'sches Mikroskop nach meiner Angabe eine Vorrichtung zu solchen Versuchen anbringen lassen, welche es ermöglicht, mit dem Instrumente nach vielen Richtungen einen Theil einer Pflanze an ihrem natürlichen Standorte beobachten zu können. Diess ist von grosser Wichtigkeit, indem schon nach einer Stunde des gewöhnlichen Sammelns, die z. B. bei *G. repens* so bedeutsamen Wurzelhaare dergestalt vertrocknen, dass ein Verfolgen derselben bis zu ihren Enden selbst dann, wenn das schützende Moos mit gesammelt wird, gänzlich fruchtlos bleibt.

Sehr beachtenswerth erscheint bei den Wurzelhaaren von *Goodyera repens* das Verwachsen mehrerer derselben und wieder Auseinandertreten (siehe Tab. II, Fig. 7, 8), bis endlich jedes einzelne etwas verdickt endende Wurzelhaar auf einem Moosblättchen festsitzend gefunden wird. Diese unzähligen Wurzelhaare, welche nicht allein an den Wurzeln hervorbrechen, finden sich auch gleichförmig als dichte Haarbüschel längs des Stammes zwischen den Wur-

zeln (siehe Tab. I, Fig. 17 c) und machen es möglich, dass *G. repens* sich in den verschiedenen Lagen zwischen dem Moose, an dem es vegetirt, in der Schwebe erhalten kann. Die Wurzeln bei *G. repens* sind sehr sparsam am Stamme vertheilt, von Gestalt auffallend kurz und dick, die Spitze derselben stets ganz kahl (siehe Tab. I, Fig. 6 a).

Ich bin durch diese Beobachtungen zu der Erkenntniss gelangt, dass *Goodyera repens* parasitisch von den Moosblättern sich ernährt.

Wahrscheinlich schmarotzt diese Pflanze nicht immer; sie wird sich, wenn die schützende Moosdecke mangelt, auch durch ihre Wurzel ernähren können, wie diess sich ähnlich bei *Pyrola* verhalten dürfte, nur mit dem Unterschiede, dass hier entweder die Wurzel einer andern Pflanzenform oder die Erde zur Ernährung der Pflanze angewiesen scheint.

Bei *Malaxis paludosa*, welche ich ebenfalls für schmarotzend halte, richtet sich die Länge des Jahrestriebes genau nach der Länge des Jahrestriebes des die Pflanze schützenden Mooses. Bei sorgfältiger Beobachtung wird man an dem jungen Luftknollen einen Kranz von sehr feinen, rein weissen, ausserordentlich hinfälligen Wurzeln finden, welche zwischen den Moosblättchen ihre Nahrung suchen. Diese Beobachtung gelingt ebenfalls nur an den natürlichen Standorten der Pflanze mit Hilfe eines beweglichen Mikroskopes, wie ich oben angegeben habe.

Es musste mir aber auch daran gelegen sein, die Wurzelhaare ähnlicher tropischer Orchideen-Formen, wie nicht minder die Wurzelhaare an Wurzeln vieler Erdknollen und Luftknollen bildenden Orchideen zu untersuchen, um zu ermitteln, ob ein bedeutender Unterschied zwischen den Wurzelhaaren dieser verschiedenen Formen sich finde. Wirklich fand sich eine beachtenswerthe Verschiedenheit, indem nämlich die Wurzelhaare der Stamm bildenden Orchideen sich immer flachgedrückt, etwas bandförmig gewunden (siehe Tab. I, Fig. 10), also den Haarbildungen der Keimknöllchen ähnlich darstellen (siehe Tab. II, Fig. 5 a), jene Wurzelhaare der Wurzel von Luftknollen und Erdknollen bildenden Orchideen aber als stumpf endende, runde Röhrchen sich zeigen, in welchen man Feuchtigkeit und Luftbläschen schon bei 100maliger Vergrösserung sehr gut beobachten kann (siehe Tab. I, Fig. 3). — Die Wurzelhaare der Wurzeln der Stamm bildenden Orchideen haben die bedeutende Aufgabe, durch Festsaugen die Pflanze in den verschiedensten Lagen an Baumstämmen, auf

Baumästen, auf Steinen oder auf Moosblättern ruhend. festzuhalten.

Anecochilus, Physurus, Spiranthes, Macodes und ähnliche Gebilde, wie *Goodyera repens* zeigen bei der Cultur, beim Hervorbrechen der Wurzeln vollkommen dieselben Erscheinungen der Wurzelhaare, wie *Goodyera repens* sie bildet; aber später entwickeln sich diese Wurzelhaare nicht mehr weiter, da wir diesen Gewächsformen nicht alle die Bedingungen bieten können, welche sie an ihren natürlichen Standorten finden.

Die Stamm bildenden Orchideen der Tropen-länder, wie: *Renanthera, Vanilla, Arachnanthe* u. s. w., bilden oft mehrere Schuh lange Wurzeln, welche mit Ausnahme der Wurzelspitze, der ganzen Länge nach mit Wurzelhaaren besetzt sind; diese Haare überschreiten aber selten die Länge von einer halben Linie. Die Ursache, warum diese Haare so kurz sich bilden, dürfte darin zu suchen sein, dass lange Wurzelhaare ihrer Hinfälligkeit halber wahrscheinlich zum Festhalten der oft schweren Gewächse, welche stets ganz frei an Bäumen u. s. w. hinanwachsen und sich festsaugen, nicht tauglich wären.

Bau und Entwickelung

der Orchideen-Frucht von der Zeit des Oeffnens der Blüthe an bis zur Samenreife.

Ohne in die jedermann bereits bekannte morphologische Deutung ihrer einzelnen Organe, Zahlen und relative Stellungsverhältnisse einzugehen, glaube ich nur das zum näheren Verständnisse des Folgenden zunächst dienende berühren zu dürfen.

Bekanntlich haben Endlicher und andere, sowol vor als nach ihm, die zwei unter sich alterirenden dreigliederigen Wirtel der Blüthendecke der Orchideen *Perigon* genannt, andere den äusseren Wirtel als Kelch, den inneren als Blumenkrone bezeichnet.

Ohne mich in eine Erörterung der für beide Deutungsarten vorzubringenden Gründe und Gegengründe einzulassen, folge ich jener Auffassung, welche die Blätter des ersten Kreises als Sepalen, die des inneren als Petalen bezeichnet wissen will.

Die in die Sepalen eindringenden Gefässbündel erscheinen als unmittelbare Fortsetzungen jenes mächtigen Bündels, welcher mit zur Bildung der drei an der Aussenseite des Fruchtknotens vertical herablaufenden, bei zunehmender Anschwellung desselben immer deutlicher und stärker hervortretenden schmalen Leisten beiträgt, während die in den zweiten mit diesen regelmässig abwechselnden Leisten verlaufenden Gefässbündel in die Blumenblätter eintreten. Diese zwischen den Sepalen und den schmalen Fruchtleisten einer, wie die zwischen den Petalen und den breiten Fruchtleisten anderer Seits bestehende organische Verbindung ermöglicht die genauere Bestim-mung jener organischen Reste und späteren Bildungen, welche in sehr vielen Fällen zuletzt den Scheitel der Frucht auf das charakteristischste krönen.

Die breiteren Fruchtleisten sind nach innen zu in der Fruchthöhle vorspringend, und zugleich die Träger der Placenten, während die von mir zuerst nachgewiesenen Schleuderzellen sich hier und auch häufig an der inneren Fläche der schmalen Leisten entwickelt finden (siehe Sitzungsberichte der kaiserl. Akademie der Wissenschaften in Wien, 1857, Seite 23: „Ueber das Vorkommen eines Schleuderorganes in den Früchten verschiedener Orchideen").

Von den einzelnen Theilen der Blüthendecke erweist sich das *Labellum* unter allen als das vergänglichste und hinfälligste nach stattgefundener Befruchtung. In der Regel verwelkt dieses Blumenblatt am frühesten, faltet sich verschiedentlich, schrumpft dann zusammen, oder geht sich erweichend rasch in Fäulniss über. Zuweilen löst es sich in Fetzen auf, oder fällt ganz ab, so dass man oft kaum mehr einige Reste am Säulenfusse gewahren kann. Eine Ausnahme von dieser Art des Verhaltens zeigt das *Labellum* der zur fünften Sippe gehörigen Orchideen, bei welchen dieses Blumenblatt gewöhnlich sich vertrocknet findet, wie z. B. bei *Cattleya*.

Weit weniger hinfällig erweisen sich schon die Sepalen und die beiden übrigen Petalen. Auch sie welken nach der Befruchtung, schrumpfen zusammen und vertrocknen von der Spitze nach abwärts, vegetiren jedoch oft am Grunde noch geraume Zeit, — ja manche selbst bis nahe zur Reifezeit noch fort, werden desshalb mehr oder minder fleischig und vergrünen. So mit dem Fruchtscheitel innig verwachsen, nehmen sie mit Theil an der späteren Fruchtform und finden sich noch ganz gut erhalten an trockenen Früchten fast immer vor.

Wo immer die Bildung der Lippe sich auffallend verschieden von den übrigen Kelch- und Blumenblättern erweist, wie z. B. bei *Stanhopea* u. dgl., vergeht sie um so schneller und vollständiger, während da, wo die gegenseitige Verschiedenheit in der Form und Beschaffenheit nicht so augenfällig hervortritt, wie z. B. bei *Oncidium*, sie auch gleichmässig mit den übrigen Elementen der Blüthendecke vertrocknet.

Verwachsungen der Blumenblätter unter sich, oder mit der Lippe und dem Säulenfusse bedingen in den meisten Fällen zugleich auch Verschiedenheiten in der späteren Fruchtform.

Verwachsungen der unteren Sepalen und in den seltensten Fällen auch der paarigen Petalen mit dem Säulenfusse und dem Nagel der Lippe zugleich trifft man in bedeutender Anzahl nur bei tropischen Orchideen, wie z. B. bei *Maxillaria*.

Die Griffelsäule, als Fortsetzung des Fruchtknotens, fällt, mit Ausnahme von *Vanilla*, nach der Befruchtung nie ab, sondern schrumpft entweder blos ein, oder vegetirt, ohne an Grösse zuzunehmen, bald längere bald kürzere Zeit noch fort, oder nimmt, wie bei *Cattleya* u. m. a., mit den Fruchtknoten zugleich an Grösse bedeutend zu und trägt gemeinschaftlich mit den sich eben so verhaltenden Resten der Blüthendecken wesentlich zu der so ausnehmend mannigfaltigen späteren Gestaltung der Früchte bei.

Die reife Orchideen-Frucht schwankt ihrer Configuration nach zwischen der schmal-länglichen ellipsoidischen Ei- oder Birnenform, ähnlich der unserer gemeinen Feige. Ein Querschnitt auf die Mitte einer Orchideen-Frucht geführt, zeigt, wenn man von allen leistenartigen Vorsprüngen nach aussen und innen absieht, immer eine mehr oder minder der Kreisform sich annähernde Gestalt. Letztere erscheint jedoch, namentlich bei den Luftknollen und Stamm bildenden Orchideen, durch die verschiedene Bildung dieser Leisten auf das Verschiedenste modificirt. Vorzugsweise sind es die breiten Fruchtleisten, deren Ränder die absonderlichsten Bildungen und Richtungen an ihren Kanten nach aussen wie nach innen zeigen.

So wenig veränderlich sie sich aber auch an allen zu einer und derselben Art gehörigen Früchten erweisen, so geringe Uebereinstimmung zeigen die zu einer und derselben, oft zweifelhaften Gattung gehörigen Arten hierin unter sich. Die Gestalt dieser Fruchtleisten liefert daher wohl sehr gute und verlässliche Charaktere für die Begrenzung der Arten, keineswegs aber immer genügende zur Aufstellung der Gattungen.

Bei vielen der Erdknollen bildenden Orchideen zeigt der Fruchtknoten vor und während der Blüthezeit häufig eine schraubenförmige Drehung um seine Axe, welche jedoch später durch eine halbe oder Vierteldrehung in entgegengesetzter Richtung wieder verschwindet, während der Fruchtstiel seine erste Drehung beibehält.

Die Fruchtstiele (Special-Blüthenstiele) bieten im Allgemeinen keine besonderen und erheblichen Unterschiede. Ausnahmslos entspringen sie aus der Achsel eines Deckblattes oder Deckblättchens, zeigen verschiedene Längenmaasse und erscheinen mit verjüngtem Grunde in die Abstammungs-Axe des Blüthenstandes eingesenkt.

Wohlausgereifte Orchideen-Früchte sind immer so dicht mit Samen erfüllt, dass selbe schon beim Beginne des Aufklappens der Fruchthülle mächtig hervordrängen.

Das Aufklappen, oder besser Bersten der Fruchtränder, findet bekanntlich gewöhnlich längs und zu beiden Seiten der schmalen Fruchtleisten, hart unter dem Fruchtscheitel, gleichzeitig statt, wobei der Spalt bei dem einen sich nur theilweise, bei dem anderen der ganzen Länge der Leisten nach bis zum Grunde bald rasch, bald nur allmählich erweitert.

Weitaus in den meisten Fällen bleiben während und nach dem Ausstreuen der Samen die Fruchtklappen am Scheitel wie am Grunde verwachsen, und nur in seltenen Fällen und in diesem wahrscheinlich nur in Folge zu rascher Vertrocknung der Fruchtklappen, reisst auch der mit der Griffelsäule gekrönte Fruchtscheitel ein.

Einen Fall vollständigen Aufklappens der Frucht beobachtete ich selbst einmal bei *Maxillaria crocea*, (siehe Abbildungen der Früchte), welche unter einer Glasglocke den Strahlen der Mittagssonne ausgesetzt wurde. Hier trennte sich der Fruchtscheitel nicht quer von dem unteren Fruchttheile ab, sondern borst in der Richtung der Klappen mit solcher Gewalt, dass die in ihm befindlichen Gefässbündel zerrissen und hervorstehend die Enden derselben krönten. In diesem Falle, welchen ich übrigens nicht als normale Öffnungsweise dieser Frucht anzusehen geneigt bin, krümmen sich alle sechs Klappenstücke bogenförmig nach aussen zurück. Bei *Scaphyclotis* (siehe Abbildungen der Früchte) und *Vanilla planifolia* (siehe Abbildungen der Früchte) klappt die Frucht in zwei Theile, bei *V. aromatica* angeblich sogar mit drei Klappen auf. Die Frucht der Orchideen, mag sie anfänglich auch noch so derbfleisig bei vielen erscheinen, wie sie es in der That auch oft genug ist, erweist sich zuletzt doch immer als eine kapselartige. Anfangs hell oder dunkelgrün, oder purpurroth in verschiedenen Abstufungen gefärbt, werden sie später orange, lichtgelb oder ledergelb, selbst tief purpurroth, verschiedentlich in den oben genannten Farbentönen gefleckt oder bald feuriger bald matter und schmutzigbraun punktirt. Schnell vertrocknende lederartige Früchte verfärben sich aus dem fahlgrünen fast immer in das blassere Lederbraun. Blaugefärbte Früchte sollen bei *Cirrhopetalum Bradii de Vriese* vorkommen.

Die Erdknollen bildenden Orchideen besitzen durchgehends schnell vertrocknende, zuletzt papierartige häutige, in sechs Theile aufspringende Früchte, mit nur schwach nach innen vorspringenden, zuletzt fast ganz schwindenden falschen Scheidewänden (Samenpolsterleisten). Die Luftknollen und Stamm bildenden Orchideen zeigen hingegen beinahe ausnahmslos lange Zeit derbfleischige, zuletzt lederartige Früchte mit oft sehr stark und bleibend entwickelten Samenpolsterleisten. Bei den letzteren beiden bilden sich auch nicht immer die sechs typisch angelegten Fruchtleisten so gleichförmig aus, wie diess bei der grossen Mehrzahl der Orchideen überhaupt der Fall ist. Bei gar manchen Arten, ja bei sämmtlichen Arten gewisser Gattungen, z. B. *Vanda*, *Aerides* u. a. m. verschmelzen eine schmale und eine breite Fruchtleiste oder zwei der ersteren mit einer breiten, zu einem einzigen Stücke, und zwar nicht zufällig an ein und derselben Art oder Gattung. Solche Früchte bersten dann auch nie in der oben erwähnten Weise, drei schmale und drei breite Klappen bildend, sondern öffnen sich entweder nur durch zwei, am seltensten blos mit einem einzigen Spalt (*Vanilla aphylla*), und erweisen sich so zuletzt statt sechsklappig nur zweiklappig oder gar nur als einseitig sich spaltende Kapselfrüchte.

Früchte, an welchen die Verschmelzung sämmtlicher Leisten in der Art stattfand, dass man nur mehr eine schmale und zwei breite Leisten zu unterscheiden vermag, gehören zu den grössten Seltenheiten. Ich traf diese Art der Fruchtbildung bisher nur bei *Scaphyclotis*, bei der sich die Frucht in zwei gleich breite Klappen öffnet, zwischen deren Rändern nur an einer Seite die am Scheitel frei gewordene schmale Leiste als dritte Klappe hervortritt. Von den beiden breiten Klappen trägt nur eine die Säule sammt den Resten der Blüthendecke (siehe Abbildungen der Früchte).

Man kann die Orchideen-Früchte demgemäss sehr bequem und praktisch in normal mit sechs Spalten und eben so vielen Klappen sich öffnende und anormal mit einer, zwei oder drei Spalten und eben so vielen Klappen aufspringende Früchte eintheilen.

So besitzen sämmtliche mir bekannte Orchideen der gemässigten Zonen beider Hemisphären und höchst wahrscheinlich auch alle in den Tropen-Gegenden wachsende, Erdknollen-bildende, normal sich verhaltende; alle mir bisher bekannt gewordenen Stamm bildenden Orchideen der Tropen-Gegenden anormal aufklappende Früchte. Immer schien mir die Verschmelzung der schmalen Leisten mit einer breiten die Vorderseite der aufrechtstehenden Frucht zu treffen, die dem *Labellum* oder den unpaarigen *Sepalen* entsprechend; das Aufreissen in zwei Spalten dagegen an der entgegengesetzten normal entwickelten Hinterseite der Frucht stattzufinden. Es erscheint somit auch in dieser Hinsicht meine versuchte Trennung der Stamm bildenden Orchideen von den Luft- und Erdknollen bildenden gerechtfertigt und durch Uebereinstimmung in der Fruchtform noch mehr an Bestand zu gewinnen. Viele Orchideen-Früchte reifen ziemlich rasch, andere bedürfen bis zur vollständigen Samenreife häufig mehr als ein halbes Jahr, einige selbst 14 Monate dazu. Sie fallen nach dem Verstreuen der Samen nie ab, sondern vertrocknen und verwesen mit der gemeinschaftlichen Blüthenaxe.

Ausser den Samen, ihren Trägern und Placenten, welche letztere bei allen sich ziemlich gleichförmig gebildet zeigen, sind es noch die von mir schon früher beschriebenen, bei vielen Arten vorkommenden Schleuderzellen, welche den inneren Fruchtraum erfüllen. Sie fehlen, wie ich an jenem Orte bereits bemerkt, allen bisher von mir untersuchten Erdknollen bildenden Orchideen, und finden sich am häufigsten bei den Luftknollen bildenden

Orchideen. Fast scheint es, als wäre ihr Auftreten bei diesen geradezu an die Standorts- und Wachsthumsverhältnisse der einzelnen Arten gebunden, und würden sie nur dort angelegt, wo die Fortpflanzung der Art, wenn sie fehlten, sehr in Frage gestellt — mindestens sehr erschwert sein würde. So fand ich wenigstens in der Gattung *Epidendrum* diese Schleuderorgane in den Früchten aller nur 6—12 Zoll hoch werdender Arten, während ich sie vergeblich bei *E. cinnabarinum* suchte, welches häufig eine Höhe von 6 Fuss erreicht.

Bei den Ersteren würde ohne Beihilfe dieser Organe das Verstreuen der Samen in einen Umkreis um die Mutterpflanze auf die Rinde der benachbarten Aeste als Unterlage jedenfalls schwerer halten als bei dieser Art, deren Höhe allein schon durch einfaches Hin- und Herschwanken des langen Stengels im Windstriche, die Verbreitung der Samen auf bedeutende Entfernungen bedingt.

Es fällt mir übrigens nicht im entferntesten bei, den ursächlichen Grund des Auftretens der Schleuderorgane bei jenen, oder des Fehlens derselben bei anderen gerade in diesen teleologischen Verhältnissen zu suchen; erwähnt mussten aber wohl die Thatsachen wie die Umstände werden, unter welchen erstere auftreten.

Dass die Masse und Beschaffenheit des Samens selbst, welcher näher besprochen werden wird, so wie die Menge der Schleuderzellen, wo solche vorhanden sind, mächtig zum raschen und allseitig gleichförmigen Oeffnen der Früchte beitragen, wird wohl nicht leicht in Abrede gestellt werden können.

Ihre Menge ist in vollkommen ausgebildeten und ausgereiften Früchten aller Orchideen so enorm gross und der gegenseitige Druck so bedeutend, dass das Einreissen der Fruchtwände an den bezeichneten Stellen um so leichter stattfindet, als der Schrumpfungsprocess des aus ungleich dünn- und dickwändigen Zellen gebildeten Gewebes dieser Partien ihren Zusammenhang mit den derben Gefässbündeln der Fruchtleisten lockert. Oeffnet man eine dem Stadium der Reife nahe Frucht, so findet man die Samen namentlich bei den Luftknollen und Stamm bilden-

den Orchideen horizontal an den Placenten aufsitzend, mit ihrem freien stumpfen Ende gegen den Mittelpunkt der Frucht gerichtet und hart aneinandergepresst, den ganzen Hohlraum erfüllen. In der Regel besitzen die Samen dieser beiden Hauptabtheilungen der Orchideen eine langgestreckte zartzellige sehr hygroskopische Decke (*Testa*), welche den Keimling in der Art umschliesst, dass er meist dem oberen näher als dem unteren längeren Ende liegt.

Dieses untere leere, sack- oder schlauchförmige Ende der Samendecke erscheint zu jener Zeit auf das mannigfaltigste nach jeder Richtung hin zerknittert und an die Placenten angedrückt, so dass der *Embryo* factisch an diesen anliegt und nur das vordere Ende ausgestreckt gegen die Mitte der Fruchthöhle hinsieht (siehe Tab. I, Fig. 11 *a*). — So wie aber die Aussenfläche dieser immer fleischigen Früchte unter ihrem Scheitel auch nur einen kaum linienlangen Spalt zu bilden anfängt, so fangen die obersten Samenschichten an aufzuquellen, sich auszustrecken und mit ihren freien Enden sich aneinanderzustemmen.

Diesem von innen nach aussen zurück auf die Fruchtwände wirkenden Drucke geben nun die Ränder der Spalte nach und weichen, nach innen sowohl als nach abwärts sich verlängernd, auseinander. — Kaum hat die Spaltung der innersten Zellschichten der Wandung stattgefunden, so drängen schon an dieser Stelle die zu dieser Zeit häufig von ihren Trägern (Samenschnüren) oder Placenten abgelösten Samen nach, oder werden durch die in schnellende Bewegung gerathenen Schleuderzellen seitlich hinausgeworfen. Rasch setzt sich nun dieser Lockerungsprocess auf die tieferliegenden Samenschichten fort und unterstützt das Ausstreuen der nach auf- und auswärts drängenden Samen auf oft bedeutende Entfernungen im Umkreise der Mutterpflanze. Ganz in ähnlicher Weise findet das Ausstreuen der Samen in den Früchten der terrestrischen Orchideen statt, nur scheint hier der Druck, welchen die Samen mit ihren freien Enden auf einander üben, ein viel schwächerer zu sein. Spuren gegenseitigen Druckes an deren Scheitelende kann man indess auch hier zum öfteren gewahren.

Veränderungen

im Verhalten einzelner Blüthen-Organe in Folge künstlicher Befruchtung.

Nach den mehr allgemein als speciell gehaltenen Angaben über die verschiedenen Fruchtarten der Orchideen glaube ich nunmehr mit Bezugnahme auf das bereits Gesagte näher auf jene morphologischen und biologischen Erscheinungen eingehen zu sollen, welche einzelne Blüthentheile während des Befruchtungsactes und nach demselben theils allgemein, theils bei gewissen wiederholt von mir zur künstlichen Befruchtung gewählten Gattungen und Arten zeigten.

Bevor ich jedoch meine Beobachtungen bei der künstlichen Befruchtung der Orchideen bespreche, erlaube ich mir das neue Werk Charles Darwin's: „*On the various Contrivances by which british and foreign Orchids are fertilised by Insects, and on the good effects of intercrossing*," in Betrachtung zu ziehen, da ich auf die natürliche Befruchtung der Orchideen keine Rücksicht nahm, Darwin dagegen gerade dem natürlichen Acte der Befruchtung bei den Orchideen grosse Sorgfalt zuwendete. Darwins Buch ist voll des Neuen und Interessanten. Wenn ich daher bei folgenden Auszügen aus diesem vortrefflichen Werke vielleicht weiter greife als es Sitte ist, gereicht es mir andererseits zur besonderen Ehre, dem grossen Forscher Darwin bei Darlegung meiner geringen Bestrebungen einen wichtigen Platz einräumen zu können!

In der Einleitung sagt der Verfasser: „Der Gegenstand des folgenden Werkes ist der Beweis, dass die Mittel, durch welche die Orchideen befruchtet werden, so verschiedenartig und eben so vollkommen sind, als nur irgend eine der bewunderungswürdigsten Einrichtungen im Thierreiche, so wie zweitens als Hauptzweck dieser Mittel darzuthun, dass jede Blüthe durch die Pollen einer andern Blüthe befruchtet werde" u. s. w.

(Bei dem von Darwin für seine Beobachtungen nun vorzugsweise gewählten Genus: *Orchis* und der genauen Schilderung der Blüthenorgane der verschiedenen Species, verweilt er unter andern besonders bei *Orchis pyramidalis* und äussert sich darüber folgendermassen:)

„Nun wollen wir die Thätigkeit dieser Organe betrachten. Wenn ein Nachtfalter seinen Rüssel in die Leitungsrinne des Labellums einbringt (und wir werden gleich sehen, wie häufig die Blüthen von *Lepidopteren* besucht werden), oder wir eine feine Borste einsenken, so dringen jener und diese gewiss in die kleine Oeffnung des Nectariums und kann schwerlich das Niederdrücken der Lippe des Schwänzchens verfehlen. Die Borste kommt hierauf mit der nun nackten und klebrigen untern Oberfläche der schwebenden, sattelförmigen Scheibe in Berührung. Wie sich die Borste bewegt, wird auch der Sattel mit den daran klebenden Pollenmassen bewegt. Fast augenblicklich, sobald der Sattel der Luft ausgesetzt ist, findet eine rasche Bewegung statt und die beiden Lappen kräuseln sich nach einwärts und umschliessen die Borste. Wenn die Pollenmassen durch ihre Schweifchen mittelst eines Zängelchens ausgerissen werden, so dass der Sattel nichts zu ergreifen findet, beobachtete ich, dass sich die Spitzen nach innen kräuselten, um sich binnen neun Secunden einander zu berühren; nach abermaligen neun Secunden war der Sattel durch vermehrtes einwärts gewendetes Kräuseln in eine anscheinend feste Kugel verwandelt. Die Rüssel der verschiedenen Nachtfalter, welche ich mit den daran gehefteten Orchis-Pollen untersuchte, waren so dünn, dass sich die Spitzen des Sattels eben auf der untern Seite begegnen. Daher kam ein Naturforscher, welcher einen Nachtfalter mit verschiedenen auf seinem Rüssel befestigten „Satteln" sandte, und der jene Bewegung nicht kannte, ganz natürlich auf den aussergewöhnlichen Schluss, dass die *Phalaene* in geschickter Weise durch die eigentlichen Centren der sogenannten klebrigen Drüsen der Orchideen gebohrt habe."

(Nach der vorausgegangenen und zuletzt noch bei *Orchis ustulata* detaillirt ausgeführten Darstellung der Blüthenorgane und ihrer Functionen, schliesst nun der gelehrte Verfasser in Berufung auf diese Beschreibungen:)

„Alle diese Arten bedürfen zu ihrer Befruchtung durchaus die Beihilfe von Insecten. Es geht diess aus dem Umstande hervor, dass die Pollinarien in ihren Antherenzellen und die Scheiben mit ihren Kügelchen von klebrigem Stoff in dem sackförmigen Rostellum so fest eingeschlossen sind, dass sie mit Gewalt nicht herausgeschüttelt werden können. Ebenso beobachteten wir zahlreiche Mittel, durch welche die Pollinarien nach einiger Zeit eine Stellung einnehmen, welche zur Berührung der Narben-Oberfläche geeignet war, und auch diess ist ein Anzeichen, dass gewöhnlich die Pollenmassen von der einen Blüthe auf eine andere übertragen zu werden pflegen. Zum Beweise jedoch, wie nothwendig die Insecten seien, bedeckte ich eine Pflanze von *Orchis morio*, ehe deren Pollinarien noch bewegt worden waren, mit einer Glasglocke, während ich drei nebenstehende Pflänzchen unbedeckt liess; letztere beobachtete ich jeden Morgen und fand täglich einige Pollenmassen in Bewegung gesetzt, bis diess bei allen der Fall war, mit einziger Ausnahme einer an der Aehre zu unterst sitzenden oder aber der alleroberste Blüthe derselben, welche unbewegt blieben. Ich sah hierauf nach der vollkommen gesunden Pflanze unter der Glasglocke und alle Pollinarien derselben ruhten noch unbewegt in ihren Zellen. Aehnliche Versuche, die ich mit Exemplaren von *Orchis mascula* anstellte, gaben dasselbe Resultat. Es ist bemerkenswerth, dass die zuvor bedeckten Aehren, wenn sie dann auch wieder unbedeckt blieben, desshalb doch ihre Pollinarien nicht mehr bewegt erhielten, so wie auch in der Folge nicht in Samen gingen, während die nebenstehenden Pflanzen voll Samenkapseln waren, aus welcher Thatsache ich schliesse, dass wahrscheinlich eine bestimmte Zeit für jede Orchisart sei, nach deren Vorübergehen die Insecten ihren Besuch aussetzen, weil auch die regelmässige Nectarabsonderung vorbei sein wird.“

„Ich war durch zwanzig Jahre gewohnt, Orchideen zu beobachten und sah niemals ein Insect eine Blüthe besuchen, ausgenommen Schmetterlinge, die zweimal an *Orchis pyramidalis* und *Gymnadenia conopsea* saugten. Dass mitunter Bienen auf Orchis fliegen, habe ich den Beweis in einer kleinen Hausbiene, welche mir Professor Westwood mit der an ihr klebenden Pollenmasse zusandte; so wie mir auch Mr. F. Bond mittheilte, Pollinarien an anderen Bienenarten kleben gesehen zu haben, doch halte ich mich für sicher überzeugt, dass Bienen für gewöhnlich die in England gemeinen Orchisarten nicht zu besuchen pflegen. Andererseits sind mir verschiedene Erwähnungen der an Nachtfaltern haftenden Pollenmassen in entomologischen Werken vorgekommen. Mr. F. Bond war so gütig, mir eine grosse Anzahl von Phalänen in diesem Zustande zuzusenden und erlaubte mir, auf die Gefahr hin das Exemplar zu verderben, die Pollinarien zu bewegen, was behufs der Untersuchung, zu welchen Pflanzenarten diese Pollen gehören, sehr nothwendig ist. Sonderbarerweise gehörten alle Pollinarien (mit Ausnahme von ein Paar zum Genus *Habenaria* gehörigen) ausschliesslich der *Orchis pyramidalis* an.“

(*D.* gibt nun ein Verzeichniss von 23 Lepidopteren-Species, welche an ihrem Rüssel Pollen der *Orchis pyramidalis* befestigt hatten, und fährt fort:)

„Die grössere Anzahl dieser Nachtfalter und Schmetterlinge hatte zwei oder drei Pollen, und zwar unveränderlich am Rüssel befestigt. Die *Acontia* hatte sieben Paar und die *Caradrina* nicht weniger als eilf! Die Rüssel dieser beiden Nachtfalter stellten sich in ausgewöhnlicher baumartiger Ansicht dar. Die sattelförmigen Scheiben klebten eine vor der andern in vollkommener Symmetrie an dem Rüssel (was nothwendigerweise aus dessen Einbringung folgt, welche durch die Rinnen des Labellums geleitet wurden) und jeder Sattel trug sein Pollinarienpaar. Die unglückliche *Caradrina*, deren Rüssel so belastet war, hatte schwerlich das äusserste Ende des Nectariums erreichen können und wird wohl bald im Hungertode geendet haben. Diese beiden Nachtfalter

hatten sicher an mehr als an sieben und eilf Blüthen, deren Trophäen sie trugen, gesaugt, denn die früher befestigten Pollinarien hatten schon viele Pollenkörner verloren gehabt, was die Berührung von mancher klebriger Narbe beweist.“

„Jenes Verzeichniss zeigt sonach, wie viele Lepidopteren-Species dieselbe Orchisart besuchen. Ebenso wird *Habenaria* von *Hadena* und alle mit spornartigen Nectarien versehenen Orchideen von vielen Phalänen-Arten besucht. Ich beobachtete zweimal an *Gymnadenia conopsea*, welche manche Meile weit aus ihrer Heimat verpflanzt wurde, dass fast alle ihre Pollinarien bewegt worden waren; die gleiche Beobachtung machte Mr. Marshall von Ely bei verpflanzten Exemplaren von *Orchis maculata*. Ich bin dessen nicht gewiss, doch vermuthe ich, dass die *Neottien* und *Malaxis*, welche keine röhrenförmige Nectarien haben, von Insecten anderer Ordnungen besucht werden; *Listera* wird gewöhnlich von kleinen Hymenopteren, *Spiranthes* von Hummeln befruchtet“ u. s. w.

(Von den folgenden Genera der Orchideen werden nun die *Ophrys* — unter welchen *D.* nach Rob. Brown's Beobachtungen nur bei *Ophrys apifera* die Selbstbefruchtung annimmt — die *Habenarien*, *Gymnadenien* und *Platantheren* beschrieben und bei fast allen die Befruchtung durch Insecten, und namentlich durch Nachtfalter, theils angenommen, theils erwiesen; interessant in dieser Beziehung ist die Beobachtung *D.'s* über die ganz verschiedene Stellung der Pollinarien auf den Insectenrüsseln, je nachdem *Platanthera chlorantha* oder *Pl. bifolia* besucht worden war. Ebenso bespricht *D.* nun die natürliche Befruchtung durch Insecten bei *Epipactis palustris*, *Epipactis latifolia*, *Cephalanthera grandiflora*, *Goodyera repens*, *Spiranthes autumnalis*. Hier berichtet *D.*:)

„In Torquay beobachtete ich eine Reihe von Blumen, welche in der Strecke von ungefähr einer halben Stunde wuchsen, und sah drei Hummeln (von zwei Arten) sie besuchen. Ich fing eine und untersuchte ihren Rüssel; an der oberen Platte, nahe der äussersten Spitze, waren zwei vollständige Pollenmassen angeheftet und ausserdem zwei andere schiffförmige Scheiben ohne Pollen; diese Hummel hatte sonach von fünf Blüthen die Pollinarien bewegt und wahrscheinlich schon drei derselben auf den Narben anderer Blüthen abgesetzt. Am folgenden Tage überwachte ich dieselben Blumen während einer Viertelstunde und fing einen andere Hummel während ihrer Arbeit; eine vollständige Pollenmasse und vier schiffförmige Scheiben waren an ihrem Rüssel haftend, eine auf der Spitze des andern, zum Beweise wie genau derselbe Theil jederzeit das Schnäbelchen berührt habe.“

(Dann folgen die Beschreibungen von *Malaxis*, *Listera* und *Neottia*. Besonders hervorgehoben sind hier die eigenthümlich geformten Fructifications-Organe von *Malaxis paludosa*, bei welcher der klebrige Stoff von den meisten Orchideen differirt, da er mehrere Tage flüssig bleibt, wenn er auch vollkommen der Luft ausgesetzt ist.

Bei der Beschreibung von *Listera ovata* wird des Rostellums besonders ausführlich erwähnt und die Beschreibung von dessen Functionen, wie folgt, beschlossen:)

„Aus dem hier Gesagten lässt sich mit Gewissheit schliessen, w i e die Befruchtung dieser Orchideen vor sich geht. Kleine Insecten lassen sich auf dem breiten unteren

Ende des Labellums, des sich darin absondernden Nectars halber, nieder; zum Aussaugen desselben klimmen sie langsam auf die verengte Oberfläche, bis ihre Köpfchen gerade unter dem überwölbten Schopf des Schnäbelchens stehen; wie sie den Kopf erheben, berühren sie den Schopf, der aufspringt, und so gelangt die Pollenmasse fest gekittet auf sie. Im Wegfliegen nimmt das Insect die Pollinarien mit fort, bringt sie auf eine andere Blüthe und hinterlässt Massen der bröcklichen Pollen auf deren klebriger Narbe."

„Um mich von diesem Vorgange zu überzeugen, beobachtete ich zwei- bis dreimal eine Pflanzengruppe, jedesmal eine Stunde lang; jeden Tag sah ich zahlreiche Exemplare von zwei kleinen *Hymenopteren*, namentlich eine *Haemiteles* und einen *Cryptus*, auf die Pflanzen fliegen und den Nectar aussaugen: die Pollinarien der meisten Blüthen, die sie wiederholt besucht hatten, waren schon bewegt, zuletzt sah ich aber beide Insecten-Species in jüngere Blüthen hineinkriechen und gleich darauf mit einem Paar hellgelben Pollenmassen, vorne am Kopfe klebend, zurückkommen; ich fing sie und fand die Anheftungsstelle an der innern Scheide des Auges; auf dem andern Auge des einen Exemplares war ein Kügelchen des hart gewordenen klebrigen Stoffes, zum Beweise, dass sie vorläufig ein anderes Pollinarien-Paar bewegt und folglich sehr wahrscheinlich dieselben auf der Narbe von einer der Blüthen gelassen haben."

(Nach ferneren Bemerkungen über *Listera cordata* und *Neottia nidus avis* geht nun der Autor, nachdem er die Befruchtung von 14 Genera der brittischen Orchideen beschrieben, auf jene der exotischen über, von denen er durch die Gefälligkeit seiner Freunde an 43 Genera zur Beobachtung erhielt.

Nach Aufzählung verschiedener Genera wird bei *Epidendrum* bemerkt: dass die sehr zarte Oberfläche des Rostellums bei Berührung aufspringt und gleich der ganzen unteren Fläche mit einer Menge von klebrigem Stoff bedeckt ist, wornach das ganze Rostellum mit den anhängenden Pollenmassen durch Insecten, bei ihrem Rückzuge aus der Blüthe, in Bewegung gesetzt werden.

Bei den *Malaxideen* wird unter Hinweisung auf die früher berührten Eigenschaften der inländischen Art so wie der *Microstylis Rhedii* von *Stelis racemiflora* erwähnt, dass in dem Warmhause in Kew irgend ein Insect deren meisten Pollinarien bewegt und einige davon auch auf den seitenständigen Narben befestigt gelassen habe.

Bei Beschreibung von *Masdevallia fenestrata* findet *D.* das Verständniss nicht, wie sie von Insecten befruchtet werden könne; dagegen lassen die — vorher schon öfters erwähnten und hier bei den *Bolbophyllen* angestellten — Versuche mit Borste u. dergl. auf die Wahrscheinlichkeit des Insectenbesuches und deren Beihilfe zur Befruchtung schliessen.

Von *Dendrobium chrysanthum* wird angenommen, dass es zur Selbstbefruchtung geeignet sei, wenn ein Insect zufälligerweise die Bewegung der Pollenmassen nicht zu Stande brächte.

Dann folgen noch weitere Genera-Details, namentlich wird die Bewegung des Niederdrückens der Pollinarien, wie bei

den *Ophris* stattfindend, specialisirt; ebenso werden ausser den hygrometrischen auch die elastischen Bewegungen erwähnt, wornach *Oncidium grande*, *Brassia maculata*, *Stanhopea saccata*, *Calanthe Masuca* und *Sarcanthus teretifolius* theilweise abgebildet, und die Organe von *Rodriguezia suaveolens*, *Eulophia viridis*, *Maxillaria ornithohyncha*, *Aerides odorata* und *A. virens*, *Oncidium roseum*, *Phalaenopsis grandiflora* etc. mehr oder weniger genau beschrieben; am Schlusse der Beschreibung von *Angraecum sesquipedale* sagt *D.*:)

„Wenn das *Angraecum* in seinen heimatlichen Wäldern mehr Blüthensaft erzeugt als die mir von Mr. Bateman gesandte kräftige Pflanze, also dass sich das Nectarium vollkommen anfüllt, so werden kleine Nachtfalter wohl ihren Theil bekommen, allein schwerlich der Pflanze nützen. Die Pollenmassen können nicht ausgezogen werden, wenn nicht ein Nachtfalter-Ungeheuer mit einem wundervoll grossen Rüssel den letzten Tropfen aufzusaugen versucht. Wenn derlei grosse Nachtfalter in Madagascar aussterben, so wird gewiss auch das *Angraecum* aussterben. Anderseits wenn der Blüthensaft in den unteren Theilen des Nectariums vor der Verwüstung anderer Insecten gesichert ist, wäre das Aussterben des Angraecums auch ein ernstlicher Verlust für jene Nachtfalter."

(Das Capitel schliesst mit folgenden Worten:)

„Ich habe nun, vielleicht zu detaillirt, einige Mittel und Wege, durch welche die *Vandeaen* befruchtet werden, geschildert. Es kommt dabei die relative Stellung aller Seiten — Friction, Klebstoff, elastische und hygrometrische Bewegungen, alle bewunderungswürdig mitsammen in Beziehung — in's Spiel; doch alle diese Anwendungen sind der Wirksamkeit der Insecten untergeordnet. Ohne ihrer Beihilfe würde nicht eine Pflanze dieser Zunft von allen 24 untersuchten Genera in Samen gehen. Es ist daher einleuchtend, dass in der grossen Mehrzahl der Fälle die Insecten durch ihren Rückzug von den Blüthen die Pollinarien mit sich ziehen und durch deren Forttragen die Vereinigung zweier getrennter Blüthen bewirken. Diese Thatsache ist schliesslich in allen jenen Fällen erwiesen, wo sich die Pollenmassen einem Wechsel ihrer Stellung unterziehen müssen und von dem Rostellum wegbewegt werden, um die zur Berührung der Narbe geeignete Stellung zu erhalten, was nur bewirkt werden kann, wenn das Insect die eine Blüthe, welche die Stelle des Männchens vertritt, verlässt, um eine zweite zu besuchen, welche als Weibchen dient."

(Die nun folgende Beschreibung der *Catasetideen* wird mit Erwähnung der dieser Zunft eigenthümlichen „Empfindlichkeit" und der bemerkenswerthen Fähigkeit, die Pollenmassen auf einen gewissen Raum hinzuschleudern, eingeleitet und die genauere Beschreibung und Abbildung von *Catasetum saccatum*, *callosum* und *tridentatum*, gibt die Detaillirung der angestellten Versuche über jene Reizbarkeit; ferner reihen sich an: *Myanthus barbatus* und *Monachanthus viridis*, welche letztere als weibliche Pflanze erklärt wird, wogegen die erstere ein Zwitter, jedoch mehr in der männlichen Form von *Catasetum sacc.* und *callosum* ist.

Bei der nun folgenden Beschreibung von *Mormodes igneum* kommt *D.* zum Schlusse, dass die aufgeschwollenen Basen der Sepalen, so wie der Fussstiel des Labellums durch ihren süssen und lieblichen Geschmack ohne Zweifel eine Anziehungskraft für Insecten haben, da sich kein freier Blüthensaft absondert.

Den Schluss der aufgezählten Genera und Zünfte macht *Cypripedium*, worauf im siebenten und letzten Capitel der Inhalt des ganzen Werkes reassumirt und die zwischen den Orchideen herrschende Aehnlichkeit der Form, neben deren mannigfachen Modification, die Gradation der Organe, die Formation des *Caudiculums*, der Mechanismus der Pollinarien-Bewegsamkeit, der Nutzen der Petalen, die Samenerzeugung und die Wichtigkeit so wie die Nothwendigkeit des Baues einzelner Organe insbesondere dargestellt wird, um zuletzt in folgenden Worten ein Summarium der Insecten-Thätigkeit zu geben:)

„Ungeachtet der eben geschilderten Sorge, auf dass die Pollen der Orchideen nicht verdorben würden, sehen wir doch durch die ganze Orchideen-Familie, die nach L i n d l e y 433 Genera und wahrscheinlich ungefähr 6000 Species zählt, den Befruchtungsact fast ausschliesslich den Insecten überlassen. Diese Behauptung wird schwerlich vorschnell erscheinen, wenn wir so viele, unter den vornehmsten Zünften zerstreute, englische und exotische Genera untersuchen, die im Allgemeinen eine fast gleichförmige Structur haben. In allen Pflanzen, bei denen Insecten einen wichtigen Antheil an den Befruchtungsact nehmen, wird der Uebertrag der Pollen von einer Blume in eine andere von gutem Erfolg sein; doch bei den Orchideen sahen wir überdiess zahlreiche Vorkehrungen (wie die Bewegung der Pollinarien nach ihrer Entfernung behufs des Erlangens der geeigneten Stellung; die langsame Bewegung des Labellums oder Rostellums, um das Eindringen der Pollenmassen zu gestatten, die Trennung der Geschlechter in manchen Fällen), welche es gewiss machen, dass in diesen Fällen die Pollen der e i n e n Blüthe gewöhnlich auf eine a n d e r e Blüthe oder Pflanze übertragen werden. Und da diese Uebertragung der Gefahr des Verlierens unterliegt, so erfordert sie auch die aussergewöhnliche Sorgfalt der für die Befruchtung vorgezeichneten Mittel und Wege.

„Selbstbefruchtung ist ein seltenes Ereigniss bei den Orchideen. Sie kommt bei *Cephalanthera grandiflora*, doch in einem sehr unvollkommenen Grade, vor, und das frühere Eindringen in die Narbe durch die eigenen Pollenröhrchen der Blüthe scheint völlig ebenso durch die Stütze, welche die Pollenpfeiler geben, als durch die Erzeugung eines kleinen Theils des Samens bestimmt; gewiss wird die Befruchtung dieser Orchideen durch Beihilfe der Insecten unterstützt. Bei einigen Species von *Dendrobium* kommt wahrscheinlich Selbstbefruchtung vor, doch nur, wenn die Insecten zufälligerweise die einzelne Pollenmasse der Blüthe zu bewegen verfehlen. Bei *Cypripedium*, *Habenaria viridis* und vielleicht in wenigen anderen Fällen, hängt es von der (jetzt noch unbekannten) Art und Weise ab, in welcher die Insecten zuerst ihren Rüssel in eine oder die andere Eingangsöffnung bringen; entweder werden die Pollen der eigenen Blüthe oder die einer anderen Blume in die Narbe gebracht, doch wird in diesen Fällen für die Narbe stets die bessere Erfolg

in der Befruchtung durch die Pollen einer anderen Blüthe gesichert sein.

„Betrachten wir, wie augenscheinlich kostbar die Pollen der Orchideen sind und welche Sorgfalt auf ihre und ihrer Nebentheile Organisation verwendet ist, dass die *Anthere* immer verschlossen hinter oder auf der Narbe stehe; so würde die Selbstbefruchtung ein unvergleichlich geschützterer Vorgang als jener der Uebertragung von Blüthe zu Blüthe sein. Es ist eine staunenswerthe Thatsache, dass Selbstbefruchtung nicht ein gewöhnliches Vorkommniss sei. Es zeigt uns wahrscheinlich, dass in diesem Vorgange irgend etwas Beleidigendes liegen müsse; die Natur sagt uns in der emphatischsten Weise, dass sie fortwährende Selbstbefruchtung verabscheue. Dieser Schluss scheint uns von der grössten Wichtigkeit und rechtfertigt vielleicht die ausgesponnenen Einzelnheiten dieses Werkes" u. s. w.

(So weit D a r w i n.)

Ich komme nun auf die durch künstliche Befruchtung hervorgehenden Veränderungen der einzelnen Blüthenorgane zurück.

In der Regel bedeckt sich bei allen wohl ausgebildeten Orchideen-Blüthen die Narbengrube der Griffelsäule schon zur Zeit des Oeffnens ihrer Decken mit einer zum Festhalten der dahin gelangenden Pollenmassen bestimmten eigenthümlich klebrigen Feuchtigkeit, deren Einwirkung auf letztere so rasch erfolgt, dass an ein gewaltsames Entfernen derselben ohne theilweiser oder völliger Zerreissung gar nicht mehr gedacht werden kann. Jeder, welcher diesem Acte längere Zeit seine Aufmerksamkeit geschenkt hat, wird mir beistimmen, dass dieses Haften der Pollenmassen daselbst so momentan und blitzartig erfolgt, dass man der Narbe eine förmliche, auf eine gewisse Entfernung hin selbst wirksame Anziehungskraft zuzuerkennen sich kaum entschlagen kann.

Wahrscheinlich sind es rasch erfolgende Krümmungen des vom *Retinaculum* abgelösten Pollinarium-Schwänzchens, welche dieses Hinschleudern auf die Narbe bewirken. Das Austreiben der Pollenschläuche findet ausnehmend rasch statt und da derselben so ausserordentlich viele sind (nach A m i c i vermögen die Pollenmassen einer einzelnen Blüthe von *Orchis morio L.* an 120.000 Schläuche zu erzeugen), so genügen bei leicht zu befruchtenden Arten oft nur ganz kleine Partien der Pollenmasse, um eine vollständige Befruchtung des *Germens* einzuleiten.

Selbst bei wachsartigen Pollinarien gelingt ein solches Experiment, wenn man bei der Theilung der Masse mit der nöthigen Schonung verfährt.

Mehrfach wiederholte, mit Berücksichtigung aller hiebei zu nehmenden Rücksichten angestellten Befruchtungsversuche mit nahe so wie entfernt verwandten Arten aus verschiedenen Gattungen tropischer Orchideen haben mir bisher noch kein günstiges Resultat geliefert, indem der Versuch bei den meisten entweder vollständig misslang, oder deren angesetzte und anscheinend vollständig ausgebildete Früchte durchgehends nur taube Samen lieferten. Bei europäischen wie auch bei tropischen Orchideen sind Kreuzungen, welche keimfähige Samen lieferten, zum öfteren schon beobachtet und directe vorgenommen worden, namentlich in Frankreich und England.

Gewöhnlich ist die eingesenkte Narbe frei und gross genug, um mit aller Leichtigkeit die Pollenmassen mittelst eines spitzen Hölzchens oder mit der Messerspitze auflegen zu können. Viel schwieriger ist diess schon bei anderen mit glatten und etwas spitzen Pollenmassen, wie bei *Stanhopea*, *Gongora*, *Acropera* oder einigen Arten von *Epidendrum* mit sehr kleinen Pollinarien bei tief eingesenkter Narbengrube.

Bezüglich der Wahl des zur Befruchtung geeignetsten Blüthenstadiums, hat mich die Erfahrung belehrt, dass bei allen Orchideen mit breiter und leicht zugänglicher Narbe, jedwedes Stadium der Anthese sich gleich gut dazu eignet; bei allen anderen jedoch, bei welchen das Auftragen der Pollinarien mit Schwierigkeiten verbunden ist, die Befruchtung am sichersten noch zur Zeit des Welkens der Blüthe vor sich gehe. Die Tageszeit scheint bei vielen keinen entschiedenen Einfluss auf den Erfolg des Befruchtungsactes zu üben, indem bei Sonnenlicht wie im Schatten zu allen Stunden des Tages wie selbst bei Nacht wiederholt angestellte Versuche bei verschiedenen Orchideen derselben Gattungen mit demselben günstigen Erfolge gekrönt wurden.

Das Schwellen des Säulenkopfes, wie die allmähliche und gleichförmige Verdickung des ganzen Säulenkörpers, was zwei oder drei Tage nach dem Auftragen des Pollens beginnt, begleiten zwar constant die gelungene Befruchtung, sind jedoch noch keineswegs untrügliche Zeichen einer wirklich stattgefundenen Befruchtung der Eierchen, denn gar oft bergen die nachfolgenden Früchte blos taube Samen.

Ein in den ersten 2—3 Tagen nach der Befruchtung eingetretenes, auffallend rasches Schwellen des oberen Säulenrandes und Ueberwallen der Narbengrube durch die seitlichen Lappen oder Ränder der Säule (wie diess häufig bei den *Oncidien*-Arten der Fall ist), erwies sich im Gegentheile zumeist als ein Zeichen eines missrathenen Befruchtungsversuches. Es kommt mir nicht unwahrscheinlich vor, dass die Masse der gleichzeitig in den Fruchtknoten eindringenden Pollenschläuche in solchen Fällen durch gegenseitige Pressung sich während ihres Bemühens zu den Eierchen zu gelangen selbst hindernd im Wege stehen und sofort verkümmern. Als gelungen kann man die Befruchtung annehmen, wenn im Gegensatze zu dem Verhalten der meisten anderen Pflanzen die Blüthendecken nicht welken, sondern Wochen und selbst Monate lang sich frisch erhalten, am Grunde schwellen, vergrünen und nicht selten sogar fleischig werden. Allerdings gilt diess nicht von allen Orchideen, aber doch von mehreren, wie z. B. von *Promenaea*.

Bei anderen, wie bei der Mehrzahl unserer einheimischen Arten, vertrocknen die Blüthendecken gleichmässig bis zum Grunde. Da es für Jeden, der Früchte tropischer Orchideen zu züchten beabsichtiget, wichtig ist zu erfahren, wie sich einzelne Gattungen im Allgemeinen bezüglich der Leichtigkeit des Befruchtens zu einander verhalten, welche Veränderungen später die einzelnen Blüthenorgane ihrer Arten zeigen und welche Vorsichtsmassregeln zu beobachten sind, um zu günstigen Resultaten zu gelangen, so halte ich es nicht für überflüssig, eine Reihe solcher Gattungen folgen zu lassen, aus welchen mir verschiedene Arten zu wiederholten Malen reife Früchte lieferten und dieselben Erscheinungen im Verlaufe des Reifens zeigten.

Die grosse Uebereinstimmung, welche die einzelnen Arten jeder guten Gattung in dieser Hinsicht unter sich zeigten, überhebt mich bei ihrer Aufführung zum grössten Theile der Verpflichtung, erstere noch speciell namhaft zu machen und die kleineren Unterschiede, welche sich hiebei kundgeben, in ermüdender Ausführlichkeit zu wiederholen. Ich lasse der leichteren Benützung wegen die einzelnen Gattungen in alphabetischer Reihe auf einander folgen.

Uebersicht

der wichtigsten zur künstlichen Erzeugung von Früchten verwendeten Gattungen.

Acanthophippium.

Deren Arten sind leicht zu befruchten. Die Narbe ist ziemlich klebrig und hält die Pollenmassen, ohne sie eben fühlbar anzuziehen, sogleich fest. Die Blume bleibt noch 6—8 Tage unverändert, nur die Säule schwillt schon am zweiten Tage etwas an. Die Frucht wächst sehr langsam und bedarf zur Reife 11 Monate.

Acropera.

Alle Arten nehmen die künstliche Befruchtung gerne an. Die Art der Befruchtung ist hingegen sehr mühsam, da die Pollenmassen gross und trocken, die Narbe hingegen sehr schmal und nur wenig klebrig ist, wesshalb man erstere in diese hinein-zudrücken genöthiget ist, was ihrer glatten Ober-fläche wegen sehr schwer hält. Hier bleibt oft kein anderes Mittel übrig, als die Pollenmassen zu zer-stückeln und so theilweise in die Narbengrube hinein-zubringen. Es genügt aber zur Erzielung von Früch-ten schon ein kleines Stückchen derselben, wenn man nur die Narbe dabei nicht verletzt; die Blüthendecke bleibt noch 2—3 Tage frisch, während der Frucht-knoten mittlerweile zu schwellen beginnt. Die Frucht wächst ziemlich schnell und entwickelt sich leicht.

Aerides.

Die Arten dieser Gattung, wie überhaupt alle Stamm bildenden Orchideen nehmen die Befruchtung sehr gerne an, da die Narbe ungemein klebrig ist; letztere übt auch eine nicht sehr bedeutende Art von Anziehungskraft auf die in ihre Nähe gebrachten Pollinarien aus. Die befruchtete Blüthe verändert schon am zweiten Tage ihre Farbe, behält aber noch ungefähr sechs Tage hindurch ihre ursprüngliche Gestalt. Der Fruchtknoten und die Säule verdicken sich von der Zeit an, als die Blume ihre Farbe ver-ändert. Die Frucht selbst wächst langsam und be-darf ein volles Jahr bis zur Reife.

Brassia,

alle Arten, nehmen gut auf und sind leicht zu be-fruchten. Die sehr grosse und klebrige Narbe hält die Pollenmassen sogleich fest. Die Blume ändert bald ihre Färbung und wird schlaff.

Die Säule schwillt gleich nach geschehener Be-fruchtung, wobei die zwei Randlappen der Säule sich über die Narben zusammenneigen und sie ver-hüllen. Die Frucht wächst langsam und reift erst im achten Monate.

Calasetum.

Eine Gattung, bei der alle durch drei Jahre hindurch vorgenommenen Befruchtungsversuche fehl-schlugen. Ich habe selbe fast zu allen Tagesstunden, zu den verschiedensten Zeiten, vor und nach dem Aufbrechen der Blüthen so wie an fast verblühten vorgenommen, ihren Standort gewechselt, Alles jedoch vergebens. Das Einzige, was ich hiebei erfahren habe, war, dass die Blumen, welche dem Verblühen bereits nahe waren, noch die meisten Anzeichen einer zwar vor sich gegangenen aber resultatlos gebliebenen Befruchtung zeigten.

Die Befruchtung war übrigens leicht vorzu-nehmen, da die Narbe gut zur Hand steht. Bei *Catasetum* gewahrt man lange schon vor der völligen Ausbildung der Blüthenknospen das Ausschwitzen eines in ziemlich grossen Tropfen sich ansammelnden honigsüssen Saftes, welche Ausscheidung jedoch schon zur Zeit ihres Aufbrechens aufhört. Inwieferne diese Secretion eine normale oder abnorme sei, und ob sie mit dem Befruchtungsgeschäft im Zusammenhange steht, und in welcher Weise, blieb mir unbekannt. Bei Oeffnen der Blüthenknospe ist dieser Saft bereits ganz eingetrocknet. Wahrscheinlich ist es, dass diese Blüthenform durch eigenthümliche Insecten, welche, angezogen durch den Honig, die Befruchtung durch gewaltsames Eindringen in die Knospe schon in diesem Zustande der Blüthenentwickelung bewerkstelligen.

Ich gab jedoch meine Versuche noch nicht gänzlich auf, und so kam der Sommer (1857), in dem ich wiederholt Blüthen verschiedener Arten dieser Gattung zu meinen Befruchtungsstudien verwenden konnte. Die schnellende Bewegung, welche die Pollenmassen sammt den Bändchen bei ihrer Berührung nach aufwärts machten, wobei das überaus klebrige Ende des Bändchens, die Pollenmassen jederzeit aufrecht festsetzten, bestimmte mich, meine Versuche diessmal mit noch grösserer Vorsicht zu wiederholen. Ich hob nämlich die Pollenmassen sammt den Bändchen von der Säule behutsam ab, und stellte das klebrige Ende des Bändchens mitten in die Narbengrube, und siehe da, diese blosse Annäherung der Pollenmassen an die Narbe genügte zu dem Zwecke und lieferte mir einige vollständig reife Früchte! Da die Pollenmassen bei diesem Vorgange weit ausser der Narbengrube frei abstanden, so müsste die Entwickelung der Pollenschläuche in einigem Abstande von den Narbenpapillen stattgefunden haben?! Eine Erscheinung, die ich mir zu erklären nicht im Stande bin!

Cattleya und Laelia.

Unter allen Orchideen-Gattungen sind ihre Arten die am leichtesten und sichersten zu befruchtenden. Die Narbe ist sehr klebrig und hält die Pollenmassen sogleich fest. Die Blume zeigt schon am zweiten Tage darnach eine Veränderung in der Farbe und diese beginnt namentlich bei den Arten mit dicken lederartigen Blumenblättern am auffallendsten.

Säule und Fruchtknoten nehmen fast zusehends an Dicke zu. Ich habe die Befruchtungsversuche zu verschiedenen Tages- und Dauerzeiten der Blüthe stets mit gleich günstigem Erfolge unternommen.

Bei *Laelia anceps var. Barkerii* wurde selbst eine etwas verkümmerte Blume, der man es deutlich ansah, dass sie sich nicht öffnen werde, blos zur Probe befruchtet; nichtsdestoweniger stellten sich des andern Tages alle Anzeichen einer stattgefundenen Befruchtung zu meiner nicht geringen Ueberraschung ein. Ich versuchte noch eine zweite in demselben Zustande befindliche Blüthe zu befruchten, bei der übrigens der Fruchtknoten schon ganz feine Runzeln zeigte, jedoch, wie fast vorauszusehen war, vergeblich.

Cycnoches.

Aus dieser Gattung hatte die künstliche Befruchtung keiner Art ein Ergebniss geliefert! Ja, es scheint mir wegen der trockenen Beschaffenheit der Narbe nicht einmal möglich zu sein. Ich habe mehrere Jahre hindurch eine grosse Anzahl gut ausgebildeter *Cycnoches*-Blüthen in allen Stadien ihrer Entwickelung, selbst bis zu jenen des vollkommenen Welkens, in dieser Hinsicht untersucht, aber nicht ein einziges Mal die Narbe feucht gefunden.

Die ziemlich trockenen Pollenmassen haften daher auch sehr schlecht auf ihr. Dieser Umstand veranlasste mich zu verschiedenen Versuchen meine Zuflucht zu nehmen. Es wurde vorerst die Narbenfeuchtigkeit anderer verwandter Orchideen (von *Catasetum, Stanhopea, Gongora*) auf die Narbengrube verschiedener *Cycnoches*-Arten mit möglichster Sorgfalt aufgetragen und die eigenen Pollenmassen dann aufgelegt, bei anderen nur ganz kleine Stückchen derselben verwendet, endlich selbst die Säule unter der Narbe abgeschnitten und die Pollenmassen aussen auf die Schnittwunde gelegt (allerdings nutzlose und gewagte Versuche); allein nichts wollte verfangen und alle derartigen Versuche blieben resultatlos. Unter allen Umständen fiel die Blüthe sammt Fruchtknoten innerhalb weniger Tage ab.

Soll *Cycnoches* in cultivirtem Zustande allenthalben sich so widerspenstig erweisen? Auch Prillieux in seinem Verzeichnisse von Orchideen-Früchten (XXXIII. Versammlung deutscher Naturforscher u. s. w.) erwähnt keiner Frucht von *Cycnoches*.

Nur *Bateman* (Orchidaceae of Mexico t. V.) bildet eine Frucht ab, an welcher aber leider das obere Ende fehlt. Im Texte bemerkt er jedoch ausdrücklich, dass selbe mit der Original-Pflanze zugleich aus America in den Garten gelangte. Es ist diess eine um so auffallendere Erscheinung, als die künstliche Befruchtung bei verwandten Gattungen mit mächtig entwickeltem Säulenkörper, wie bei *Stanhopea, Acropera* u. s. w., jedesmal gelingt.

Cyrtochilum.

Die Arten sind gut und leicht zu befruchten; die Narbengrube ist sehr klebrig und zieht die Pollenmassen sogleich an. Das Anschwellen der Säule beginnt schon am zweiten Tage, des Fruchtknotens aber erst ungefähr 3—4 Tage darnach. Die Blüthendecken schliessen sich hierauf allmählich und der Grund der einzelnen Blättchen verdickt sich sichtbar.

Cirrhaea

verhält sich genau so wie *Acropera*.

Dendrobium.

Die *Dendrobium*-Arten sind zwar leicht zu befruchten, nehmen aber sehr schwer an.

Bei *Dendrobium cretaceum* habe ich, nachdem mir alle auf die gewöhnliche Art angestellten Befruchtungsversuche fehlschlugen, vier Blumen unberührt gelassen, und selbe mit den Pollen anderer Blüthen derselben Art mit günstigem Erfolge befruchtet, von welchen drei wirklich aufnahmen.

Meinen Erfahrungen zufolge scheinen die einblumigen Arten, wie *D. cretaceum*, weit leichter und sicherer befruchtet werden zu können, als die mehrblumigen mit dichtgedrängten Trauben auftretenden, wie *D. densiflorum* u. dgl.

Epidendrum.

Alle von mir untersuchten Arten nehmen gerne auf; namentlich kann man bei den grossblumigen Arten beinahe sicher sein, dass jede befruchtete Blüthe eine Frucht liefert. Die mit kleinen in Trauben stehenden Blüthen auftretenden Arten wie *Ep. floribundum, nutans, articulatum*, scheinen wohl anzunehmen, setzen aber schwer Früchte an. Sie sind übrigens nicht leicht zu befruchten, da die Säule gewöhnlich kurz und von der ganz oder theilweise damit verwachsenen Lippe eingeschlossen ist, wodurch eine oft sehr enge Röhre gebildet wird, so dass man bei der Befruchtung unvermeidlich die Narbe verletzt. Das ganz kleinblumige *E. diffusum*, bei welchem die Narbe weit zugänglicher ist, nimmt hingegen leicht auf. Die Früchte brauchen nahezu ein Jahr zur Reife. In Bateman's prachtvollem Werke über die Orchideen aus Guatemala findet sich eine gelungene Abbildung der Frucht von *E. aurantiacum*. Diese Frucht ist wahrscheinlich ein Erzeugniss künstlicher Befruchtung.

Eulophia.

Ihre Arten gehören zu den am leichtesten zu befruchtenden Orchideen. Sie nehmen auch sehr willig auf. Die Narbe ist stark klebrig und hält die Pollenmassen sogleich fest. Die Frucht bedarf neun Monate zur Ausbildung.

Gongora.

Die *Gongoren* sind eben so mühsam zu befruchten wie die Acropera-Arten, nehmen dagegen gerne auf. Bei *Gongora bufonia* befruchtete ich in fünf nacheinanderfolgenden Tagen eine Traube mit 23 Blumen. Von allen diesen schlugen nur zwei fehl; da ihrer aber am Ende doch zu viele waren, um sich gehörig ausbilden zu können, so fiel beinahe die Hälfte bei halber Entwickelung wieder ab und unter diesen hauptsächlich die zuletzt befruchteten. Der anfänglich stark gebogene Fruchtknoten fängt an nach der Befruchtung sich allmählich zu strecken, und wird binnen 5—6 Tagen ganz gerade, welche Richtung auch die reife Frucht behält. Letztere wächst ziemlich schnell heran, bedarf aber fast ein Jahr bis zur Reife. — Dieselbe auffällige Erscheinung zeigen auch die Fruchtknoten von *Cirrhaea, Sarcoglossum* und *Acropera*.

Goodyera.

Die Arten nehmen gerne an. Bei der Gleichfärbigkeit und Drehung sämmtlicher Blüthentheile bedarf es aber bei Vornahme der Befruchtung einiger Vorsicht. Die Fruchtknoten der befruchteten Blüthen beginnen allsogleich und rasch zu schwellen.

Leptotes.

Alle Arten lassen sich gleich gut und leicht befruchten. Die kurze Säule schwillt schon des anderen Tages an. Die Frucht bedarf sechs Monate zur Ausbildung.

Maxillaria und Lycaste.

Die Befruchtung der *Lycasten* ist leicht zu bewerkstelligen, sie liefert jedoch eben so selten wie bei *Maxillaria* günstige Resultate.

Unter den *Maxillarien* gelang es mir nur bei einigen Arten reife Früchte zu erzielen. Von den kleinblumigen *Maxillarien* habe ich eine bedeutende Anzahl befruchtet. Alle nahmen wie *Lycaste* gerne auf, entwickelten sich jedoch nicht besonders weit und fielen nach einiger Zeit verwelkend ab.

Octomeria.

Die Arten nehmen gerne an, sind aber ihrer kleinen Blüthenorgane wegen ziemlich schwierig zu befruchten. Die Säule schwillt bald an, worauf sich die Blüthe am selben Tage schliesst. Die sehr kleinen Früchte sind binnen 3 Monaten vollkommen reif.

Oncidium.

Die *Oncidien* gehören zu den am schwierigsten mit Erfolg zu befruchtenden Orchideen. Die Narbengrube ist bei allen Arten sehr klebrig und zieht die Pollenmassen mit einer von keiner Orchideen-Gattung übertroffenen Gier an. Auch hier konnte ich wahrnehmen, dass die dem Welken nahen Blüthen die geeignetsten zur Erzielung von Früchten waren, obgleich sie überhaupt nur selten reifen. Bei der Vornahme der Befruchtung bewies sich in diesem Stadium die Anziehungskraft der Narbe gegen die Pollinarien schwächer als bei den eben entfalteten Blüthen. *Oncidium Papilio* nimmt übrigens sehr willig auf. Besonders bemerkenswerth erscheint hier, dass nach der Befruchtung die zweiseitlichen Lappen des Säulenendes die Narbe und die Pollenmassen so vollständig überwachsen, dass von beiden später keine Spur mehr zu sehen ist. Der obere Theil der Säule schwillt in kurzer Zeit, am ersten Tage nach der Befruchtung schon sichtbar und stark keulenförmig an. Diese Erscheinung dürfte wohl Folge einer übermässig raschen und allzu massenhaften Entwickelung von Pollen-Schlauchzellen sein, wobei die Befruchtung der einzelnen Eierchen selbst durch Verkümmerung der ersteren wegen zu sehr gesteigerten gegenseitigen Druckes vereitelt werden mag. Theilweises Auftragen der Pollenmassen dürfte sich auch hier als vortheilhaft bewähren, obwohl meine Versuche mit zertheilten Pollenmassen gleichfalls ohne nachhaltigen günstigen Erfolg blieben.

Phajus.

Von den Arten dieser Gattung nimmt fast jede Blüthe auf. Die Narbe hält die Pollenmassen gleich fest und die Säule verdickt sich schnell. Die Frucht wächst hingegen sehr langsam und gelangt erst gegen Ende eines Jahres zur Reife.

Promenaea.

Promenaea nimmt sehr willig an. Die Blüthe wechselt in kurzer Zeit ihre Farbe, wird weisslich und vegetirt noch sehr lange Zeit fort. Die einzelnen Blättchen der Blüthendecke werden an der Basis fleischig, verkürzen sich merkbar und bleiben, nachdem die Frucht selbst schon einen bedeutenden Umfang erreicht, noch immer frisch und grünlichweiss gefärbt stehen.

Stanhopea.

Die Arten dieser Gattung sind eben so mühsam zu befruchten wie die von *Acropera*. Sie nehmen jedoch gerne auf, nur müssen die Blüthen gleich am ersten oder zweiten Tag nach dem Entfalten befruchtet werden. Die Frucht bedarf neun Monate zur Reife.

Vanilla.

(Siehe das Nähere hierüber in dem dieser Gattung speciell gewidmeten Schluss-Artikel.)

Zygopetalum.

Z. Mackayi Z. intermedium u. m. a. nehmen die Befruchtung sehr willig an. Die Blüthe erhält sich mehrere Monate in ziemlich frischem Zustande an der sich ausbildenden Frucht. Bei *Z. crinitum* und *Z. rostratum* gediehen die Früchte bei meinen Versuchen nur bis zur halben Entwickelung und fielen dann ab. Vielleicht gelingt es mir in der Folge auch hier ein günstiges Ergebniss zu erzielen.

Blüthen von mehr oder minder gelber Grundfarbe eignen sich fast durchgängig nicht zur künstlichen Befruchtung. Die Ursache, warum gerade gelbe Blumen nicht annehmen, ist mir gänzlich unbekannt. — Selbst *Cattleya luteola* blieb bei sorgfältigster Behandlung unfruchtbar, wo doch die anderen Arten dieser Gattung so leicht zu befruchten waren und vollkommen reife Früchte lieferten.

Samenformen der Orchideen.

Wie allgemein bekannt, geht der Same der Orchideen aus einem umgewendeten mit einer einfachen Decke versehenen Ei hervor und zeigt einen von keinem Eiweisskörper umschlossenen, auf einer sehr niederen Stufe der Entwickelung verharrenden, kugelförmigen, ellipsoidischen oder stumpf eiförmigen Keimling, an welchem man vor der Keimung weder einen Cotyledonar- noch Radicular-Theil zu unterscheiden im Stande ist. Gleichwohl erweisen sich bei dem Keimungsprocesse die in der Richtung der Längenachse des Samens liegenden Pole des Keimlings im Allgemeinen als diejenigen, von welchen die Bildung der aufsteigenden Axenorgane gesetzlich ausgehen. Bei einer eiförmigen Bildung des Keimlings entspricht das untere breitere Ende einigermassen dem sich übrigens nicht weiter entwickelnden Radicular-Theile anderer monocotyledoner Pflanzen.

Der Keimling selbst befindet sich in der Mitte oder etwas über der Mitte der ihn einhüllenden, gewöhnlich zartzelligen und ihm meist nur sehr lose anhängenden Samendecke, durch welche hindurch er bald hellgelb, bald grün, bald übergrün in das dunkle Braun ziehend, häufig glänzend durchschimmert. Nur bei *Vanilla* ist ausnahmsweise die Samendecke krustenartig, dunkelrothbraun und undurchsichtig.

So beschaffen zeigen die Orchideen-Samen grosse Aehnlichkeit mit jenen mancher Schmarotzer-Pflanzen aus höheren Ordnungen, namentlich mit jenen der *Orobanchen*, die überraschendste aber mit den *Pyrola*-Arten (siehe Tab. II, Fig. 34).

In vollkommen ausgereiften Früchten trifft man sie häufig schon von den Placenten gelöst und über- und untereinanderliegend in der Fruchthöhle angehäuft. Oeffnet sich die Frucht zu jener Zeit aus irgend einem Grund nicht rechtzeitig, so beginnen die meisten Samen innerhalb weniger Tage zu keimen, das heisst, in jenes Stadium dieses Processes zu treten, welcher dem des offenkundigsten Keimens vorangeht.

Einen solchen, ganz exquisiten Fall von Keimung der Samen in einer Kapsel, traf ich während meines Aufenthaltes zu Neuberg in Steiermark, Ende August 1856, bei *Gymnadenia conopsea*, wo ich alle Stadien der Keimung vom ersten Anschwellen des Embryo bis zum Durchbrechen, Zurückschlagen der Samenhaut gleichzeitig mit grösster Leichtigkeit beobachten konnte.

Die an Gestalt, Grösse, Färbung und Configuration der Zellen der Testa überaus mannigfaltigen Samenformen der Orchideen lassen sich alle auf drei, ziemlich gut zu charakterisirende Hauptformen oder Formengruppen zurückführen, welche folgende Eigenthümlichkeiten zeigen:

I. Formengruppe.

Samendecke sackförmig, den Embryo locker einhüllend, durchsichtig, farblos oder lichtbräunlich gefärbt, häufig sehr lang gestreckt, mehr oder minder walzen- oder spindelförmig, an beiden oder nur an einem Ende verjüngt (bei den Luftknollen bildenden Orchideen), oder gedrungen ein längliches ei- oder birnförmiges Säckchen bildend (bei den Erdknollen bildenden Orchideen), oder vom Embryo abliegend, an beiden Enden spitz zulaufend (bei den Stamm bildenden Orchideen).

II. Formengruppe.

Samendecke geflügelt, am Embryo anliegend, aus durchsichtigen, rings um denselben beinahe fächerförmig sich ausbreitenden, bräunlich gefärbten, zarten Zellen gebildet. Embryo glänzend, dunkelbraunroth gefärbt. (Seltene Form an *Erythrorchis*-, *Epistephium*- und *Cyrtosia*-Arten am charakteristischsten entwickelt.)

III. Formengruppe.

Samendecke derb, Krusten hart, durchsichtig, braun gefärbt, mehr oder minder rundlich, am Embryo hart anliegend; letzterer rund, hellbraun und gleichfalls derb (am entwickeltsten bei *Vanilla*).

Aus der grossen Anzahl der von mir gesammelten, sorgfältig verwahrten und grösstentheils gleich nach ihrer Reife im frischen Zustande abgebildeten Samen, führe ich zu jeder dieser drei Formengruppen aus der Reihe der Luft, Erdknollen und Stamm bildenden Orchideen nachstehende Arten als Belege an, wobei ich bemerke, dass letztere nach der Grösse ihrer Samen in der Weise aufgeführt werden, dass die mit den längsten Samenformen auftretenden die Reihenfolge in jeder Gruppe eröffnen, die mit dem kürzesten und kleinsten Samen versehenen selbe schliessen.

I. Formenreihe.

1. Samen mit glasheller, langgestreckter walziger Testa besitzen von Luftknollen bildenden Orchideen: (Tab. IV, Fig. 29,) *Acanthophippium bicolor* (Lindl.); (Tab. IV, Fig. 8,) *Epidendrum crassifolium* (Lindl.); (Tab. III, Fig. 14,) *Sobralia Liliastrum* (Lindl.); (Tab. IV, Fig. 27,) *Pleurothalis sessiliflora*, (Tab. IV, Fig. 49,) *Pelexia adnata* (Spreng); (Tab. III, Fig. 43,) *Phajus bicolor* (Lindl.); (Tab. III, Fig. 4,) *Zygopetalum Mackayi* (Hook); (Tab. II, Fig. 18,) *Mormodes buccinator* (Lindl.); (Tab. IV, Fig. 36,) *Laelia Perrinii* (Batem); (Tab. III, Fig. 18,) *Cattleya amethystina* (Moor); (Tab. III, Fig. 10,) *Leptotes bicolor* (Lindl.); (Tab. IV, Fig. 12,) *Dendrobium plicatile* (Lindl.); (Tab. IV, Fig. 19,) *Xylobium squalens* (Lindl.); (Tab. II, Fig. 9,) *Sturmia Loeselii* (Reich).

2. Samen mit hell lederfarben bis dunkelbraun gefärbten, gestreckten, walzigen Testa von Erdknollen bildenden Orchideen: (Tab. IV, Fig. 15.) *Neottia, orchioides* (Sw.); (Tab. III, Fig. 39) *Goodyera discolor* (Ker.); *Epipactis sp. omnes*; (Tab. II, Fig. 30) *Corallorrhiza innata; Orchis et Ophris sp. omnes*; (Tab. IV, Fig. 57) *Satyrium bicallosum* (Thunb.); *Nigritella et Gymnadenia sp. omnes*; (Tab. IV, Fig. 50) *Pterigodium volucre* (Sw.); (Tab. III, Fig. 50) *Corycium orobanchoides* (Sw.); (Tab. III, Fig. 48) *Habenaria hispidula* (Willd.); (Tab. IV, Fig. 14) *Disa cernua* (Sw.); (Tab. III, Fig. 9) *Thelimitra ixioides* (Sw.).

Die Samen dieser letzten Art besitzen schon eine dichtere, holzbraune Testa und bilden den Uebergang zur III. Formengruppe.

3. Samen mit spitz zulaufenden, faltigen, am Embryo fest anliegenden, gelbbraun oder gelbrothen Testa von Stamm bildenden Orchideen: *Aerides sp. complures;* (Tab. III, Fig. 32) *Lousia teretifolia* (Gaudich.); (Tab. II, Fig. 15) *Angraecum bilobum* (Lindl.); (Tab. III, Fig. 55) *Sarcanthus rostratus* (Lindl.); *Saccolabium retusum* (Hook).

4. Samen mit langgestreckter aber etwas breitgedrückter Testa von Luftknollen bildenden Orchideen: (*Epidendrum cinnabarinum* Tab. III, Fig 21).

5. Samen mit muschelförmig breitgedrückter Testa von Luftknollen bildenden Orchideen: (Tab. III, Fig. 49) *Tryphora pendula* (Nutt.); *Stanhopea Sp. omnes; Gongora Sp. omnes; Cirrhaea Sp. omnes*.

II. Formenreihe.

6. Samen mit anliegender, geflügelter Testa von Luftknollen bildenden Orchideen: (Tab. III, Fig. 34) *Haematorchis altissima* (Bl.); (Tab. IV, Fig. 16) *Cyrtosia Lindleyana* (Bl.); (Tab. III, Fig. 28) *Epistephium parviflorum* (Bl.); (*Erythrorchis.*)

III. Formenreihe.

7. Samen mit derber, krustenharter, kugeliger Testa von Stamm bildenden Orchideen: *Vanilla Sp. omnes* (siehe Tab. III, Fig. 40).

Zur Characteristik der Orchideen-Sippen.

In meinen im Jahre 1854 erschienenen „Praktischen Studien an der Familie der Orchideen" habe ich den Versuch gewagt, die damals bekannten Gattungen der Orchideen in anderer Weise zu gruppiren, als es der verdienstvollste und gelehrteste aller Orchidographen, Professor Lindley, in seiner bekannten Monographie der Orchideen unternahm und damit einer Auffassung Bahn brach, welche bis zur Stunde massgebend für alle späteren systematischen Arbeiten auf diesem Felde blieb.

Ich habe diesen Versuch damals mehr im Interesse der Orchideen-Züchter als in dem der Fachgelehrten gewagt, um erstere schneller über die richtige Stellung einer Gattung in einer Gruppe zu orientiren, als diess nach der bekannten Eintheilung dieser Ordnung für solche oft möglich ist. Ich hoffte nebenher aber auch den letzteren damit gelegentlich nützlich zu werden, obgleich ich mir die Mängel nicht verhehlte, welche meinem Versuche ankleben und um so schärfer hervortreten mussten, als meine Auffassung von dem Werthe der zur Bildung der Gruppen verwendeten Charaktere im grellsten Gegensatze zu jener standen, welche Lindley bei der Charakteristik seiner mit eminentem Talent und Scharfsinn gebildeten Gruppen leitete.

Ich war auf Angriffe der schärfsten Art gefasst und habe solche auch zu Genüge erfahren, anderseits aber zugleich die Genugthuung, dass competente Fachgelehrte dem praktischen Werthe meiner Versuche alle Anerkennung widerfahren liessen.

Ich habe seither vielfach Gelegenheit gefunden, meinen Entwurf wiederholt zu prüfen und zu erproben und finde mich demzufolge nichts weniger als bestimmt, meine frühere Anschauung in dieser Beziehung zu ändern, im Gegentheil an dieser Eintheilung um so mehr festzuhalten, als der Vergleich einer grossen Anzahl selbstgezogener Früchte aus Gattungen der verschiedensten Gruppen mir die Gewissheit verschafft hat, dass die Mehrzahl derselben in ihren Formen eine fast eben so grosse Uebereinstimmung unter sich zeigen, wie ihre Blüthendecken und namentlich das Labellum sie in jeder der betreffenden Sippen früher zeigten.

Nur in einem Punkte erachte ich eine Modification meiner Eintheilung (siehe Praktische Studien pag. 40—42) nicht blos für passend, sondern geradezu für nothwendig. Sie betrifft die Auflösung meiner III. Sippe durch Ausscheidung der Gattung *Cypripedium* aus der Ordnung der Orchideen und Einbeziehung der übrigen in ihr untergebrachten Gattungen in die zweite Sippe mit gespornten Labellum.

Alle Systematiker haben schon lange den bedeutenden Unterschied hervorgehoben, welcher zwischen der Bildung der Befruchtungs-Werkzeuge von *Cypripedium* und der aller übrigen Orchideen besteht, und gedachte Gattung zum Repräsentanten einer eigenen Unterabtheilung dieser Ordnung erhoben.

Mit Recht haben sie hiebei auf die ganze abweichende Bildung des dreigliederigen Staubblattkreises hingewiesen, von dessen Gliedern die beiden seitlichen allein zur Ausbildung gelangen, während das mittlere unfruchtbar sich blumenblattartig ausbreitet und damit den Gegensatz constatirt, der in dieser Hinsicht zwischen ihm und allen anderen Unterabtheilungen dieser Ordnung besteht, indem sich bei den Orchideen gerade das unpaarige Staubblatt allein entwickelt, die paarigen, seitlichen dagegen verkümmern, ja zum öftesten nicht einmal angelegt erscheinen. Von nicht geringerem Werthe erscheint mir aber ausserdem noch die ebenso allgemein abweichende Bildung des oberen Endes der Fruchtsäule bei *Cypripedium* von der der übrigen Orchideen zu sein. Bei diesen krönt die *Anthere* in den meisten Fällen entweder den ganzen oder grösseren Theil des Säulenscheitels mützen- oder deckelartig, oder sitzt in selteneren Fällen, wie bei *Telipogon*, auf der Spitze desselben auf, oder setzt sich an der Rückenfläche desselben fort, ohne dass sich der Scheitel des Säulchens flach ausbreitet, wobei die Narbe allenthalben an der vorderen Fläche des Säulchens gruben- oder spaltartig eingesenkt auftritt. Bei *Cypripedium* dagegen bleibt der Scheitel des Säulchens vollkommen frei und breitet sich vorne plötzlich in eine horizontale Platte scheibenförmig aus, welche an ihrer ganzen Unterfläche sich zur Narbe umstaltet und oben durch das freie übergeneigte, aber nicht unmittelbar aufliegende sterile Staubblatt geschirmt wird.

Diese entschiedene Sonderung der Narbe von dem Säulchen erscheint mir in Verbindung mit der oben angeführten Bildung des Staubblattkreises so eigenthümlich und charakteristisch für *Cypripedium*, dass ich nicht anstehe, diese Gattung für eben so weit entfernt von den übrigen Unterabtheilungen der Orchideen zu halten, wie diess mit den *Apostasiaeen* im Vergleiche zu jenen thatsächlich der Fall ist.

Als selbstständige Ordnung gleich den letzteren angesehen, würden sich alle drei dann ebenso natürlich zu einander verhalten, wie die *Zyngiberaceaen*, *Canaceaen* und *Musaceaen* unter sich; jedenfalls aber sich gegenseitig schärfer trennen lassen, als diess z. B. der Fall bei den *Liliaceaen* ist, gegenüber den *Melanthaceaen* und *Smilaceaen*.

Es genügt einfach wie ich glaube, den Differential-Charakter der *Cypripediaceaen* und *Orchideaen* in der soeben erwähnten Weise vervollständigt zu haben, um mich jeder weiteren Formulirung desselben entschlagen zu können. Damit scheint mir aber auch zugleich die Auflösung meiner III. Sippe in dieser Hinsicht gerechtfertigt.

Was nunmehr die Einbeziehung der übrigen in ihr stehenden Gattungen in die zweite meiner Sippen mit gespornten Labellum betrifft, so habe ich blos zu bemerken, dass mir der Unterschied zwischen der sporn- und sackförmigen Aushöhlung des Labellums in Folge wiederholter Untersuchung nicht mehr so erheblich als damals erscheint und deutliche Uebergänge von der einen Bildung zur andern, wie ihn verschiedene Arten von *Satyrium* zeigen, darauf hinweisen, dass dieser Charakter sich nicht wohl zur Bildung grösserer und natürlicher Gruppen eigne.

Ich kann desshalb, ohne ein Wort weiter über diese Modification meiner ersten Sippen-Bildung zu verlieren, einfach zur Vervollständigung ihrer Charakteristik nach der prädominirenden Gestalt und den sonstigen Eigenthümlichkeiten der Früchte schreiten, so weit sie mir gegenwärtig aus den vielen in die betreffenden Sippen gestellten Gattungen bekannt sind.

I. Sippe *Dendrobiaceae*.

Die beiden unteren Kelchblätter von ihrem Grunde an dem Säulenfusse seiner ganzen Länge nach mehr oder minder vollständig angewachsen. Sämmtliche Blätter der Blüthendecke bleibend mit dem Scheitel des Fruchtknotens verwachsen, und vertrocknend mit ihren Basalresten ihn in Form eines horizontal oder schief abstehenden, geraden, fleischig entwickelten Höckers krönend. Früchte verkehrt eiförmig oder länglich, am Grunde mehr als an der Spitze, seltener beiderseits gleichförmig verjüngt und abwärts in den verlängerten Fruchtstiel verschmälert, hängend, seltener aufrecht; Fruchtleisten oft ungleich unter sich verwachsen und dann nicht immer regelmässig sich trennend. Die schmalen Leisten, wenn deutlich entwickelt, stets fleischig, nach beiden Enden hin verschmälert.

II. Sippe *Angreceae*.

Lippe sackförmig oder am Grunde gespornt, Säulchen kurz, dick, meist gerade, stumpf ohne vorgezogenen Säulenfuss. — Früchte oval, elliptisch oder länglich, am Scheitel mit der Säule und den bleibenden Resten der verschrumpfenden Blüthendecke gekrönt, an der Vorderseite mit dem zu einem rundlichen oder rinnenförmigen, längeren oder kürzeren Fortsatz vertrockneten Rest der Lippe besetzt, regelmässig sich längs der schmalen, runden, fleischigen, gleichmässig dicken, in schwachem Bogen nach aussen sich krümmenden Leisten oder in Folge theilweiser stärkeren Verschmelzung der letzteren unter sich unregelmässig am Rücken öffnend. (Die Frucht öffnet sich demnach nur durch schmale Längsspaltung.) Die Früchte der Luft- und Erdknollen bildenden Orchideen dieser Sippe sind entschieden hängend; — jene der Stamm bildenden Orchideen dieser Sippe immer steif aufrecht, von Gestalt keulenförmig und durch Verwachsung der Fruchtrippen stets unregelmässig am Rücken der Frucht sich öffnend.

III. Sippe *Stanhopeae*.

Lippe fleischig, glänzend. Frucht schief an der Säule aufsitzend. Früchte rund, birnenförmig oder länglich, am Scheitel mit der auffallend langen, dünnen, oft gekrümmten, am Ende häufig löffelartig ausgehöhlten Säule gekrönt, zur Reifezeit sich vollständig und regelmässig öffnend.

IV. Sippe. *Oncidieae*.

Sämmtliche Blätter der Blüthendecke am Grunde weder unter sich, noch mit der Säule verwachsen. Lippe ausgebreitet, Säule ausnehmend kurz und stumpf, häufig geflügelt. Früchte meist elliptisch oder länglich, am Scheitel mit der kurzen Säule und den fünf fleischig verdickten, stumpfen, aufrecht stehenden Basen der Blätter der Blüthendecke gekrönt, längs der (auffallend) schmalen Leisten bis zur Hälfte sich regelmässig öffnend, sämmtliche Rippen nach dem Aufklappen der Frucht in starkem Bogen nach aussen gekrümmt.

V. Sippe. *Cattleyeae*.

Lippe mit ihren Rändern oder ihren seitlichen Lappen die herabgebogene Säule ganz oder theilweise umhüllend, letztere häufig mit ihnen verwachsen, seltener frei auf der Lippe aufliegend. Früchte verkehrt eiförmig oder walzenförmig, in einen geraden runden Hals vorgezogen, mit der oben stets verdickten Säule gekrönt, gewöhnlich nur zur halben Länge und nur längs des einen Randes der dicken, runden, besonders fleischigen schmalen Leisten aufspringend, daher dreiklappig. Selten (wie bei *Sobralia*) an beiden Rändern der Leisten sich loslösend, daher hier sechsklappig.

Bei *Vanilla* fallen gegen die Periode der Fruchtreife die Reste der Blüthendecke regelmässig sammt der Säule vom Fruchtscheitel zugleich ab. Bei *Vanilla aphylla* öffnet sich die Frucht angeblich nur mit einem einzigen Längsspalt; bei *Vanilla planifolia* ihrer ganzen Länge nach in zwei anscheinend gleich breiten Klappen; bei *Vanilla aromatica* angeblich gleich den Formen dieser Sippe mit drei nach aussen sich zurückkrümmenden Klappen. Das Verfliessen der schwach angelegten schmalen Fruchtleisten in die breiten findet schon sehr frühzeitig statt, und erscheint bei voller Fruchtreife so vollständig, dass man sie von aussen her kaum mehr wahrzunehmen im Stande ist.

Zur näheren Kenntniss der Gattung *Vanilla*.

Die eigenthümliche Bildung der Frucht von *Vanilla* so wie mehrere nach der Befruchtung stattfindende Veränderungen in den Blüthentheilen, welche mir bisher zweifelhaft geblieben waren, bestimmten mich, künstliche Befruchtungs-Versuche an Orchideen auch auf die Gattung *Vanilla* auszudehnen, obgleich hierüber bereits ganz vortreffliche Arbeiten von Seite der Herren Professoren Morren und Visiani vorliegen.

Nachdem die diessfällig unternommenen Versuche glückten und mir mehrere, theils neue theils von den Beobachtungen der beiden genannten Gelehrten in einigen Punkten abweichende Resultate lieferten, halte ich deren Mittheilung als einen weiteren Beitrag zur näheren Kenntniss dieser interessanten Gattung und als theilweise Ergänzung jener Arbeiten für gerechtfertigt. Ohne mich in eine Kritik der letzteren einzulassen, gebe ich im Folgenden einfach das, was ich selbst beobachtet habe, anderen die Vergleichung und Prüfung der von mir gewonnenen Resultate mit den von Morren und Visiani angegebenen überlassend.

Die zu meinen Untersuchungen gewählte Pflanze war ein dreijähriger, 8 Fuss langer Ast eines alten Mutterstockes von *Vanilla planifolia Andrew*, der in einem niederen Ananas-Hause an einem aufrechtstehenden Baumstamme gezogen wurde. Das Haus wird nie beschattet und die Temperatur im Winter auf mindestens 12 Grad Reaum. erhalten. Im Februar des Jahres 1858 gab sich die erste Anlage zur Blüthenbildung in der Entwickelung kurzer, dicker, schwellender, gelblich gefärbter Axillarknospen und, während die Laubknospen sich schwächer, spitzer und den ausgebildeten Laubblättern an Färbung vollkommen gleich erwiesen. Die Entwickelung der Blüthenstände schritt nur allmählich in der Art fort, dass die erste Blüthe am 26. Mai 1858, die letzten an der ganzen Pflanze Ende Juni desselben Jahres sich öffneten. Die Anzahl der Blüthen, welche während der fünf Wochen einander folgten, war ziemlich bedeutend.

Die Blüthendecke war mit Ausnahme der Lippe gleichfärbig hellgelb, grünlich gefärbt, letztere hell lederfärbig, an der Innenfläche in der Mitte dicht behaart, am Rande wellig und vorne herabgebogen. Die Säule rein weiss und ihrer ganzen Länge nach mit den Rändern der Lippe vollständig verwachsen. Die Blüthen öffneten sich bei Tagesanbruch, erreichten zwischen 9 und 10 Uhr Vormittags das Maximum ihrer Entfaltung und schliessen sich von da an befruchtet oder nicht befruchtet gegen 1 Uhr nach Mittag für immer. Sie bleiben in diesem Zustande, wenngleich welk erscheinend, noch bis 4 Uhr desselben Nachmittags für künstliche Befruchtung geeignet, wie diess mehrere gelungene Versuche bewiesen.

Um bei der Vornahme der künstlichen Befruchtung zur Anthere und Narbe zu gelangen, ist man wegen der innigen Verwachsung der Säule mit den beiden Rändern der Lippe genöthigt, sie längs der ersteren aufzuschlitzen und einen Theil des Randes abzutragen, worauf man nach Entfernung der dicken Wandung der Anthere die wächsernen Pollinarien mittelst einer Messerspitze abhebt und auf die Narbengrube bringt, ohne sie übrigens anzudrücken, was um so weniger nöthig ist, als sie augenblicklich daselbst haften.

Gelingt die Befruchtung, so bleiben sämmtliche Theile der Blüthendecke auf dem Fruchtknoten sitzen, wenn nicht, so fallen sie mit dem Fruchtknoten gewöhnlich zugleich, zuweilen aber um einen oder zwei Tage früher ab.

Nach geschehener Befruchtung, selbst wenn sie nur theilweise gelungen ist, schliessen sich die schwellenden Lappen des Narbenrandes über den aufgelegten Pollinarien vollständig zusammen. Die Blüthentheile verfärben sich in Dunkelbraun und vertrocknen zu schmalen Streifchen bis auf den unteren Theil ihres Rückennerves, der nunmehr am Fruchtscheitel fleischig wird und vergrünt. Die Säule bleibt mit Ausnahme des Säulenkopfes sowohl in Farben als Gestalt unverändert.

Der Fruchtknoten, welcher zur Zeit des Aufbrechens der Blüthenknospe 2½ Zoll lang und gebogen ist, schwillt nunmehr zusehends und verlängert sich vom zweiten Tage nach der Befruchtung an schon merklich. Fruchtknoten sammt Blüthe stehen vor der Befruchtung unter einem Winkel von ungefähr 45 ⁰ vom Stamme ab, nach derselben hängen die Blumenblätter schlaff herab. Der früher leicht gekrümmte Fruchtknoten wird nach 12 Tagen ganz gerade, sinkt jedoch vermöge seines zunehmenden Gewichtes später immer mehr, bis die Frucht zuletzt senkrecht an ihrem Stiele herabhängt.

Acht Tage nach der Befruchtung hat der Fruchtknoten bereits eine Länge von $3\frac{1}{2}''$, nach 3 Monaten zuweilen selbst von $6''$ erreicht. Seine Farbe, welche, gleich der der ganzen Pflanze, anfänglich ein lebhaftes Hellgrün ist, verändert sich in den ersten 9 Monaten gar nicht. Gelang die künstliche Befruchtung nicht, so verändert sich sein Grün sammt der Färbung der übrigen Blüthentheile in Hellbraun.

Jede Blüthentraube trägt 15 bis 20 Blüthen, von welchen jedoch nur 10, höchstens 12 Früchte bringen.

Im Laufe der Monate November und Dezember fielen von vielen Früchten die vertrockneten Blüthentheile im Zusammenhange mit der noch frischen, weissgelblichen Säule ab, so zwar, dass bis Mitte des Monats Dezember sie bereits bei zwei Drittheilen der ersteren abgeworfen waren. Dieses simultane Abwerfen aller den Fruchtscheitel krönenden Blüthenreste scheint nur der Gattung Vanilla eigen zu sein.

Ende November fingen die schwächeren und unvollkommen ausgebildeten Früchte an sich vom Stiele aus zu vergilben und verderben dann schnell, während die vollkommenen lebhaft grün gefärbt blieben.

Ende Januar 1859 waren die Blüthenreste an sämmtlichen Früchten abgefallen. Mehrere, wie es schien, nicht gehörig ausgebildete, seit November in ihrer Entwickelung demungeachtet bedeutend vorgeschrittene Früchte, verfärbten sich vom Stiele aus in Gelb und fielen zuletzt mit dem verdorrten Fruchtstiele ab, besassen jedoch in diesem Entwickelungsstadium schon den specifischen Geruch vollkommen reifer Vanilla-Früchte. Die übrig bleibenden Früchte verfärbten sich erst gegen Ende März 1859 vom Stiele aus allmählich in Gelb und zuletzt in Braun. Sie näherten sich entschieden der Reife, welche dann auch bei der Mehrzahl derselben im Monate Juni eintrat. — Die Ernte an Früchten konnte als eine reiche gelten. Die Frucht der Vanilla planifolia bedarf demnach zu ihrer Ausbildung und Zeitigung mehr als 12 Monate in unseren Gewächshäusern.

In den Tropen-Ländern, wo Vanilla der Früchte wegen gezogen, aber auf Java künstlich befruchtet werden muss, reift die Frucht im siebenten Monate. Nur in Amerika tragen diese Pflanzen ohne künstliche Befruchtung zahlreiche Früchte. Das die Befruchtung einleitende Insect, welches übrigens nicht bekannt ist, scheint in Asien zu fehlen.

Anfangs Juni konnte man an demselben Stocke nebst reifen Früchten schon wieder entwickelte Blüthenstände mit geöffneten Blüthen sehen, ja neue Blüthenstände sogar in den Achseln der Hochblätter der alten fruchttragenden Traubenspindeln hie und da in der Anlage gewahren. Solche Blüthenstands-Knospen erscheinen dann immer rundlich und stumpf, verlängern sich jedoch allmählich immer mehr und wachsen zuletzt zu normal gebildeten, jedoch nicht sehr reichblühenden Inflorescenzen aus.

Solche nachwachsende Blüthenstände entwickeln sich jedoch bei weitem langsamer, als die an anderen Laubästen zum Vorschein kommenden. Die Spitzen der fruchttragenden Zweige vertrocknen bei einigen, wachsen aber bei anderen frische Blätter treibend fort.

Nachdem die Pflanze in diesem Versuchsjahre sehr viele Früchte getragen hatte, trieb sie in der neu beginnenden Vegetations-Periode mehr und kräftigere Laubtriebe als Blüthenstände, in Folge dessen sie im Jahre 1859 um ein Drittel weniger Blüthen als im Vorjahre besass und nur 40 Früchte ansetzte.

Die grössten Früchte erreichten eine Länge von 9 Zoll. Manche fielen ganz ausgereift sammt ihrem Stiele von selbst ab. Es ist diess eine ganz ausnahmsweise Erscheinung in dieser Ordnung, denn bei allen anderen Orchideen bleibt die reife Frucht an der Axe des Blüthenstandes stehen und verdorrt mit ihr.

Wie bei allen Orchideen öffnen sich auch die Früchte von Vanilla anfänglich hart unter dem Scheitel, worauf sich der Spalt endlich der ganzen Länge nach abwärts fortsetzt. In gleicher Zeit aber bersten sie auch am Scheitel selbst, worauf die beiden ungleich breiten Klappen an ihrer Spitze auseinander weichen und im Bogen sich zurückkrümmen. Der Grund, wesshalb die Frucht der Vanilla planifolia sich zuletzt so verhält wie eine zweiklappige Kapselfrucht, liegt in einer mit ihrer Entwickelung nach der Befruchtung fortschreitenden innigen aber ungleichen Verschmelzung der schmalen Fruchtleisten mit den dazwischen liegenden breiten. Eine dieser schmalen Leisten schwindet beinahe zur Unkenntlichkeit, während die beiden anderen zur Reifezeit immerhin noch zu unterscheiden sind. Das Einreissen geschieht nun längs dieser letzteren in der Art, dass sich die zwischen ihnen liegende breite Leiste ablöst, während die beiden anderen sammt den drei schmalen, unter sich zusammenhängend, die zweite breitere Klappe bilden.

Die Samen dieser Art sind selbst bei voller Fruchtreife (Tab. III, Fig. 40) in einen sehr feuchten lederbraunen Brei eingebettet, der nach dem Oeffnen der Frucht bei hoher Temperatur und feuchter Luft oftmals ausfliesst und erstere theilweise sogar mitführt, obgleich ich auch andere vollkommen reife Vanilla-Früchte beobachtete, bei welchen ein solches Ausfliessen der Masse, ihrer weit dickeren Consistenz wegen, nicht mehr stattfinden konnte, und bei welchen man Samen durch heftiges Schütteln zu entleeren im Stande war.

Die Vanilla-Frucht trocknet, vollkommen reif vom Stamme genommen (Tab. XII, Fig. 17), erst nach mehreren Monaten aus, und fühlt sich nach einem Vierteljahre noch, wenn der Trocknungs-Prozess an freier Luft im Schatten vor sich ging, wie eine im Handel vorkommende gedörrte Pflaume an.

Nur bei künstlicher schneller Trocknung rollen sich, wie Versuche zeigten, die Fruchtklappen verschiedentlich der Länge und Breite nach zusammen. Langsam an der Luft im Schatten austrocknende Früchte beschlagen sich binnen kurzer Zeit mit nadelförmigen, weissen Krystallen-Büscheln von 3—4''' Länge. (Tab. XII, Fig. 20.)

Von allen mir bekannten Orchideen besitzt nur *Sturmia Loeselii* Früchte, welche im trockenen Zustande ähnlich wie *Vanilla* duften.

Dieser Riechstoff scheint in der That nur den Arten der Gattung *Vanilla*, wenngleich nicht bei allen in gleicher Stärke und Feinheit wie in den Früchten der *Vanilla planifolia* auftretend, eigen zu sein. Im Handel mögen wohl Früchte verschiedener Arten vermischt vorkommen, worauf der anderen von Martius in einer Stelle seiner „Reise in Brasilien" (Seite 1113) hingedeutet worden ist.

Schon in halbreifen Vanilla-Früchten (Tab. XII, Fig. 18), erscheinen die Samen beinahe so vollständig ausgebildet, wie an ganz reifen, und unterscheiden sich von solchen nur durch eine lichtere Färbung.

Der farbig ausgebildete Keimling schimmert in dieser Periode noch ganz gut sichtbar durch die dichte Samendecke durch (siehe Tab. XII, Fig. 21), welche am Nabelgrunde scharf abgestutzt ist. Durch ihre krustenartige Beschaffenheit, tiefbraune Färbung und Undurchsichtigkeit unterscheiden sich die reifen Samen der Vanilla-Arten auffallend von allen anderen Orchideen-Samen. Ungeachtet ihrer glänzenden Oberfläche gewahrt man bei stärkerer Vergrösserung dennoch kleine, ziemlich regelmässig über sie vertheilte erhabene Punkte. Untersucht man eine grosse Menge nicht völlig ausgereifter, theils befruchteter, theils unbefruchtet gebliebener, aber dem ungeachtet zur Normalgrösse der ersteren gediehener Eierchen aus einer halbreifen Frucht von *Vanilla planifolia*, wie sie zu Tausenden nebeneinander gelagert sind, so findet man, dass die Zellen der Samenhaut genau dieselbe Bildung und denselben Grad von Durchsichtigkeit besitzen, wie die Samen anderer Orchideen.

Wohl aber gewahrt man an den befruchteten Eierchen, dass sich in einem vorgerückteren Stadium ihrer Entwickelung im Innern der Zellen braune Oelkügelchen in zunehmender Menge erzeugen, und die nach aussen liegende Wandung der einzelnen Zellen, namentlich an den Punkten, wo mehr als zwei zusammenstossen, sich verdickt und in der Form von stumpfen Ecken (punktartigen Knötchen), an deren Oberfläche hervortritt. Die Bildung der Oelkügelchen findet jedoch nur in den Zellen der Eihaut, nie in jenen des Samenstranges und eben so wenig in den ganz unbefruchtet gebliebenen Eierchen statt, welche jedoch nur sehr selten sich finden. Ich habe unbefruchtet gebliebene Eierchen oftmals beobachtet, allein es waren stets winzige zerknitterte Säckchen. Nur einmal gelang es mir, die Tab. XII, Fig. 23, abgebildete, vollkommen entwickelte Samenhülle aufzufinden, welche den Beweis liefert, dass bei der Familie der Orchideen die Samenhüllen ihrem Baue nach bei allen Orchideen-Formen vollkommen gleich sind. Ausserdem trifft man eingestreut zwischen diesen Eierchen und Samen noch massenhaft sowohl reihenweise als auch büschelförmig gruppirte, stumpf endende Schlauchzellen (Tab. XII, Fig. 19), welche alle sammt den Parenchym-Zellen der Placenten und des Fruchtgehäuses sich gegen die Reifezeit zu mit einer immer mehr zunehmenden Menge solcher Oelkügelchen füllen.

Letztere mehren sich in diesen Schlauchzellen zuletzt in einem solchen Maasse, dass selbe an ihrem stumpfen Vorderende bersten und ihren Inhalt in die Fruchthöhle entleeren, wodurch sämmtliche in ihr befindlichen Organe unter sich verklebt werden und nunmehr eine unförmliche, mit Schlauchzellen, Samensträngen, tauben Eierchen und reifen Samen durchsetzte, breiartige, wohlriechende Masse bilden.

Den reifen, sich öffnenden Früchten stellen in America verschiedene grössere und kleinere Vögel gierig nach, und sorgen durch ihre Excremente, in welchen sich die Samen in Folge ihrer harten Schale unverdaut erhalten, für deren weitere Verbreitung.

Erläuterung der Tafeln.

Aufbau der Erdknollen bildenden Orchideen.

Keimung von Gymnadenia conopsea. $^{100}/_1$ . . . . . II. 6.

  a) Keimknöllchen.
  b) Samenmantel, *Testa*.
  c) Rudiment des Samenmantels.

  Das Keimknöllchen hat durch sein Anschwellen den Samenmantel durchbrochen.

Keimknöllchen von Orchis variegata. $^{100}/_1$ . . . . . I. 15.

  a) Würzelchen.
  b) Anlage zu dem ersten Blättchen.
  c) Haar - Zellen (Ernährungs-Organe) an dem Keimknöllchen.
  d) Keimknöllchen.

  Erstes Auftreten des Blattes und der Wurzel. Der Keimling liegt auf der Erde.

Fernere Entwickelung der Blattorgane und der Wurzel. $^{30}/_1$ . . . . I. 16.

  a) Keimknöllchen.
  b) Wurzel.
  b) Durch willkürliche Verkürzung der Wurzel entstandene Querfaltungen.
  c) Unterer Theil der Wurzel, welcher rein weiss und an der Spitze fast durchsichtig erscheint.

  Durch die Verkürzung der Wurzel wird der Keimling unter die Erde gezogen. Die Haarzellen sind nun gänzlich vertrocknet und von dem Keimknöllchen abgefallen.

Eine Wurzel von *Cyclobotra lutea,* natürliche Grösse I. 7.

  a) Querfaltungen durch Verkürzungen der Wurzel entstanden.
  b) Unterer glatter Theil der Wurzel.

Das Ausmass der Verkürzung der Wurzel durch Zusammenziehen entspricht der Tiefe der in die Erde gezogenen Zwiebel.

Entwickelung
der Knospe an den Mutterknollen bei den Erdknollen bildenden Orchideen.

Knolle sammt Knospe von *Orchis variegata,* beobachtet Anfangs März, natürliche Grösse . . . . . . I. 5.

  a) Knospe.
  b) Scheidenblättchen.
  c) Mutterknolle.
  d) Deren Wurzel.
  e) Deren Trieb.

Durchschnitt einer Knolle sammt Knospe von *Orchis variegata,* beobachtet Anfangs März. $^{20}/_1$ . . . I. 18.

  a) Knospenende.
  b) Knospenscheidenblättchen.
  c) Hauptgefässbündel.
  d) Wurzel an der Mutterknolle.
  e) Trieb der Mutterknolle.
  f) Mutterknolle.

Knolle sammt Knospe von *Orchis mascula,* beobachtet Anfangs März, natürliche Grösse . . . . . . I. 4.

  a) Knospe.
  b) Scheidenblättchen.
  c) Mutterknolle.
  d) Deren Wurzel.
  e) Deren Trieb.

Aufbau der Luftknollen bildenden Orchideen.

Aufbau der verschiedenen Luftknollen-Formen.

Natürliche Grösse.

Eiförmige Luftknollen.

Eiförmig plattgedrückte Luftknollen.

Walzenförmige Luftknollen.

Langgestreckte, mehr oder minder platt-gedrückte Luftknollen.

Aufbau der stammbildenden Orchideen mit unbeschränktem Wuchse.

Keimknöllchen von *Sarcanthus rostratus*. $\frac{100}{1}$ . . . Tab. Fig. I. 25.

  a) Entwickelung des ersten Blättchens.

  b) Haarzellen am Keimknöllchen, wahrscheinlich zur Ernährung desselben.

Keimknöllchen von *Sarcanthus rostratus* im Beginne der Stammbildung. $\frac{50}{1}$ . . . . I. 26.

  b) Erstes Blättchen.

  c) Erste Entwickelung einer blatttragenden Scheide.

  d) Erste Wurzel.

Keimknöllchen von *Sarcanthus rostratus* im Vertrocknen begriffen. $\frac{50}{1}$ . . . . I. 27.

  a) Erstes Blättchen.

  c) Blatttragende Scheiden.

  d) Wurzel.

  Diese stammbildenden Orchideen bilden niemals wahre Laubblätter, sondern stets nur blattlose und blatttragende Scheiden.

Aufbau der stammbildenden Orchideen mit beschränktem Wuchse.

Keimknöllchen von *Goodyera repens*. $\frac{100}{1}$ . . . . . Tab. Fig. I. 20.

  a) Samenmantel in Fetzen an dem Keimknöllchen hängend.

  b) Wärzchen, woraus sich das erste Blättchen entwickelt.

Keimknöllchen von *Goodyera repens* mit entwickeltem Blättchen. $\frac{100}{1}$ . . . . I. 21.

  a) Blatttragende Scheide.

  b) Erstes Blättchen.

  c) Erste Wurzel.

  Das Keimknöllchen trägt noch seine Haarzellen.

Keimknöllchen von *Goodyera repens* mit mehr entwickeltem Stammgebilde. $\frac{50}{1}$ . . . . I. 22.

  a) Blatttragende Scheiden.

  d) Ringe, wo solche Blätter vertrocknet abfielen.

  Die Wurzel treibt die eigenthümlich langen Wurzelhaare.

Stämmchen von *Goodyera repens*, das Keimknöllchen ist vertrocknet abgefallen. $\frac{30}{1}$ . . . . Tab. Fig. I. 23.

  a) Blatttragende Scheiden.

  d) Stammgebilde.

  e) Wurzelhaare.

  f) Wurzel.

  g) Stumpfes Ende des Stämmchens, wo das Keimknöllchen abfiel.

Goodyera repens, ein Parasit.

Eine Pflanze von *Goodyera repens* in natürlicher Grösse . . . . I. 17.

  a) Kahle Wurzelspitze.

  b) Wurzelhaare.

  c) Aehnliche Haarbüschel an dem Stämmchen und den Aesten.

Eine Wurzel von *Goodyera repens* $\frac{100}{1}$ . . . . . I. 6.

  a) Kahle Wurzelspitze.

  b) Wurzelhaare weiss, durchsichtig, bandförmig gebildet.

Hypnum mit den Wurzelhaar-Enden von *Goodyera repens* parasitisch besetzt $\frac{100}{1}$ . . . . II. 7.8.

  a) Hypnum.

  b) Wurzelhaare der Wurzel von *Goodyera repens*.

  c) Gemeinschaftliches Verwachsen und dann Wiederauseinandertreten der Wurzelhaare von *G. repens*.

  d) Wurzelhaar-Ende, etwas verdickt endend.

Wurzelhaarformen.

Wurzelhaare von stammbildenden Orchideen (von *Aerides odoratum*). Bandförmige Gebilde. $\frac{100}{1}$ . . I. 10.

Wurzelhaare von Luftknollen bildenden Orchideen (von *Stanhopea tigrina*). Röhrenförmige Gebilde. $\frac{100}{1}$, $\frac{200}{1}$, $\frac{300}{1}$ . . . . I. 3.

  a) Stumpfes Ende der Haare.

  b) Luftblasen.

  c) Spaltöffnung.

  d) Basis dieser Haare, womit sie auf den Wurzeln festsitzen.

Monströse Bildung einer Blüthe von *Cattleya Harrissonii* . . . . I. 8.

a) Vollkommen gleichmässig entwickelte Pollinarien.
b) Rudiment der Säule.

Verzeichniss der Orchideen-Samen ($^{100}/_1$ vergrössert).

Verzeichniss der Orchideen-Früchte (natürliche Grösse).

(Die * hinter den Nummern der Figuren bezeichnen die aufgesprungenen Orchideen-Früchte.)

Zur I. Sippe. *Dendrobiaceae.*

Die beiden unteren Kelchblätter von ihrem Grunde an dem Säulenfusse seiner ganzen Länge nach mehr oder minder vollständig angewachsen. Sämmtliche Blätter der Blüthendecke bleibend mit dem Scheitel des Fruchtknotens verwachsen, und vertrocknend mit ihren Basalresten ihn in Form eines horizontal oder schief abstehenden, geraden, fleischig entwickelten Höckers krönend. Früchte verkehrt eiförmig oder länglich, am Grunde mehr als an der Spitze, seltener beiderseits gleichförmig verjüngt und abwärts in den verlängerten Fruchtstiel verschmälert, hängend, seltener aufrecht; Fruchtleisten oft ungleich unter sich verwachsen und dann nicht immer regelmässig sich trennend. Die schmalen Leisten, wenn deutlich entwickelt, stets fleischig, nach beiden Enden hin verschmälert.

Tab. VI, Fig. 1. Längen- und Quer-Durchschnitt der Frucht von Acanthophippium bicolor.

Zur II. Sippe. *Angreceae.*

Lippe sackförmig oder am Grunde gespornt, Säulchen kurz, dick, meist gerade, stumpf ohne vorgezogenen Säulenfuss. — Früchte oval, elliptisch oder länglich, am Scheitel mit der Säule und den bleibenden Resten der verschrumpfenden Blüthendecke gekrönt, an der Vorderseite mit dem zu einem rundlichen oder rinnenförmigen, längeren oder kürzeren Fortsatz vertrockneten Rest der Lippe besetzt, regelmässig sich längs der schmalen, runden, fleischigen, gleichmässig dicken, in schwachem Bogen nach aussen sich krümmenden Leisten oder in Folge theilweiser stärkeren Verschmelzung der letzteren unter sich unregelmässig am Rücken öffnend. (Die Frucht öffnet sich demnach nur durch schmale Längsspaltung.) Die Früchte der Luft- und Erdknollen bildenden Orchideen dieser Sippe sind entschieden hängend; — jene der Stamm bildenden Orchideen dieser Sippe immer steif aufrecht, von Gestalt keulenförmig und durch Verwachsung der Fruchtrippen stets unregelmässig am Rücken der Frucht sich öffnend.

	Tab.	Fig.
Aerides Brookei (crispum)	VII.	18.*
„ odoratum	VII.	4.*
„ „	VII.	6.
„ „ v. majus . .	VII.	5.*
„ „ „ . .	VII.	13.
„ virens	VI.	28.*
„ „	VI.	31.
Anaectochylus setaceus	VI.	32.
Angraecum bilobum	VII.	33.*
„ „	VI.	26.
Calanthe veratrifolia	VII.	8.*
„ „	VII.	7.
Cymbidium triste	VI.	24.*
Cypripedium purpuratum . . .	VII.	22.
„ „ . . .	VII.	2.*
Eulophia streptopetola	VII.	27.*
„ „	VI.	34.
Galeandra Bauerii	VII.	11.*
Goodyera discolor	VI.	33.
„ semipellucida	VI.	22.*
„ procera	VI.	21.*
Gymnadenia conopsea	VII.	21.*
„ albida	VII.	20.
Phajus (Thunia) albus	VII.	28.*
„ „ „ . . .	VII.	31.
„ „ „ lilacinus . .	VII.	32.*
„ bicolor	VII.	26.*
„ grandifolius (Tankerwillii) .	VII.	30.*
„ „ „ .	VII.	23.
„ maculatus	VII.	29.*
„ „	VII.	9.
„ „	VII.	10.
„ Wallichii	VII.	15.
„ „	VII.	14.*
„ Woodfortii	VII.	25.*
„ „	VII.	24.
Physurus pictus	VI.	23.*
Renanthera moluccana	VII.	19.
Saccolabium guttatum	VI.	30.*

	Tab.	Fig.
Saccolabium micranthum	VI.	25.*
Sturmia Loeselii	VII.	17.*
Sarcanthus rostratus . .	VI.	27.*
Selenipedium Schlimmii	VII.	12.*
Trichocentrum fuscum	VII.	3.*
„ „	VII.	17.
Uropedium Lindenii	VII.	1.*

Tab. VII, Fig. 10. Längen- und Quer-Durchschnitt der Frucht von Phajus maculatus.

Zur III. Sippe. *Stanhopeae.*

Lippe fleischig, glänzend. Frucht schief an der Säule aufsitzend. Früchte rund, birnenförmig oder länglich, am Scheitel mit der auffallend langen, dünnen, oft gekrümmten, am Ende häufig löffelartig ausgehöhlten Säule gekrönt, zur Reifezeit sich vollständig und regelmässig öffnend.

	Tab.	Fig.
Acropera intermedia	VIII.	13.*
„ Loddigesii	VIII.	8.*
„ luteola	VIII.	17.*
„ „	VIII.	14.
Catasetum Hookerii	VIII.	7.
Cirrhaea pallida	VIII.	2.*
Gongora bufonia	VIII.	12.*
„ „	VIII.	15.
„ maculata pallida . .	VIII.	11.
„ „ . . .	VIII.	8.
Sarcoglossum suaveolens	VIII.	6.*
Stanhopea inodora	VIII.	3.
„ insignis	VIII.	1.
„ oculata	VIII.	16.*
„ tigrina superba	VIII.	4.
„ violacea	VIII.	9.*
„ „	VIII.	10.
Tribrachia pendula	VIII.	18.*

Tab. VIII, Fig. 3, Längen- und Quer-Durchschnitt der Frucht von Stanhopea inodora.

Zur IV. Sippe. *Oncidieae.*

Sämmtliche Blätter der Blüthendecke am Grunde weder unter sich, noch mit der Säule verwachsen. Lippe ausgebreitet, Säule ausnehmend kurz und stumpf, häufig geflügelt. Früchte meist elliptisch oder länglich, am Scheitel mit der kurzen Säule und den fünf fleischig verdickten, stumpfen, aufrecht stehenden Basen der Blätter der Blüthendecke gekrönt, längs der (auffallend) schmalen Leisten bis zur Hälfte sich regelmässig öffnend, sämmtliche Rippen nach dem Aufklappen der Frucht in starkem Bogen nach aussen gekrümmt.

Tab. IX, Fig. 21. Längen- und Quer-Durchschnitt der Frucht von Brassia maculata.

Zur V. Sippe. *Cattleyeae.*

Lippe mit ihren Rändern oder ihren seitlichen Lappen die herabgebogene Säule ganz oder theilweise umhüllend, letztere häufig mit ihnen verwachsen, seltener frei auf der Lippe aufliegend. Früchte verkehrt eiförmig oder walzenförmig, in einen geraden runden Hals vorgezogen, mit der oben stets verdickten Säule gekrönt, gewöhnlich nur zur halben Länge und nur längs des einen Randes der dicken, runden, besonders fleischigen schmalen Leisten aufspringend, daher dreiklappig. Selten (wie bei *Sobralia*) an beiden Rändern der Leisten sich loslösend, daher hier sechsklappig.

Bei *Vanilla* fallen gegen die Periode der Fruchtreife die Reste der Blüthendecke regelmässig sammt der Säule vom Fruchtscheitel zugleich ab. Bei *Vanilla aphylla* öffnet sich die Frucht angeblich nur mit einem einzigen Längsspalt; bei *Vanilla planifolia* ihrer ganzen Länge nach in zwei anscheinend gleichbreiten Klappen; bei *Vanilla aromatica* angeblich gleich den meisten Formen dieser Sippe mit drei nach aussen sich zurückkrümmenden Klappen.

Tab. XII, Fig. 6. Längen und Quer-Durchschnitt der Frucht von Epidendrum cuspidatum.

Tab. I

Tab. II

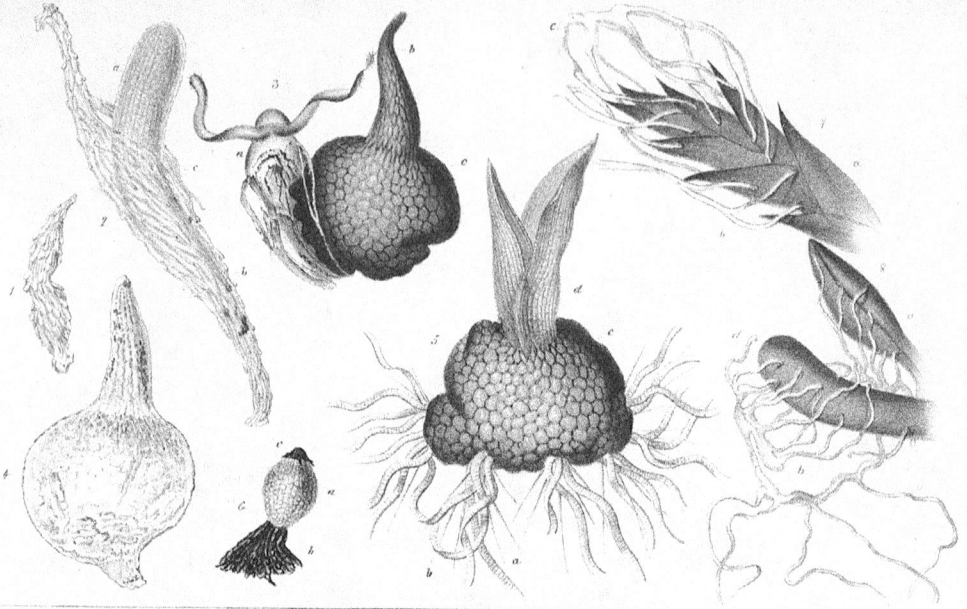

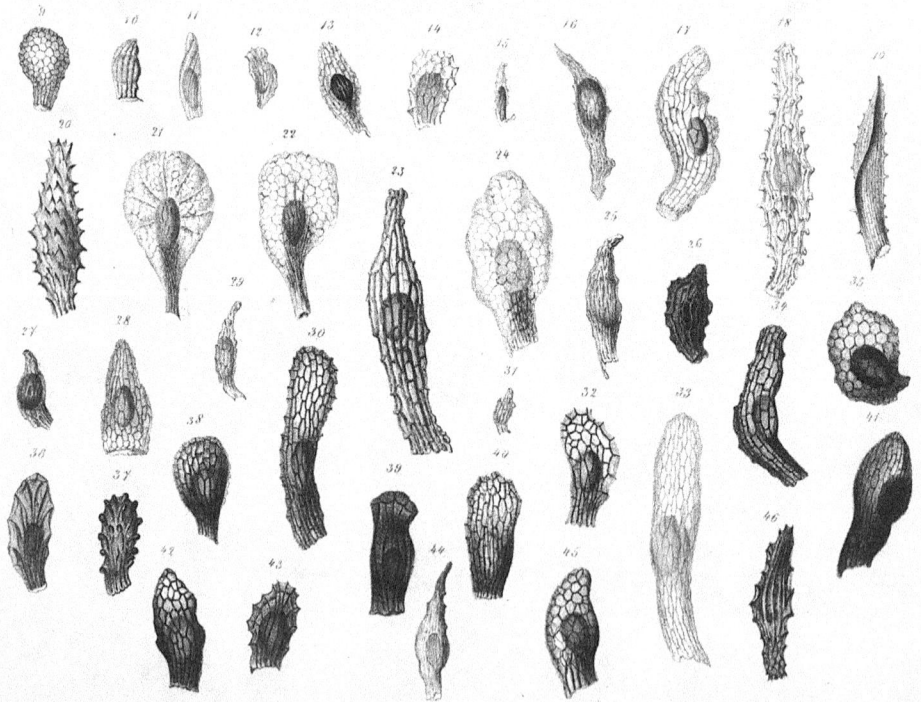

K.K. a. pr. art. lith. Anstalt v. Ant. Hartinger & Sohn in Wien.

Tab. III

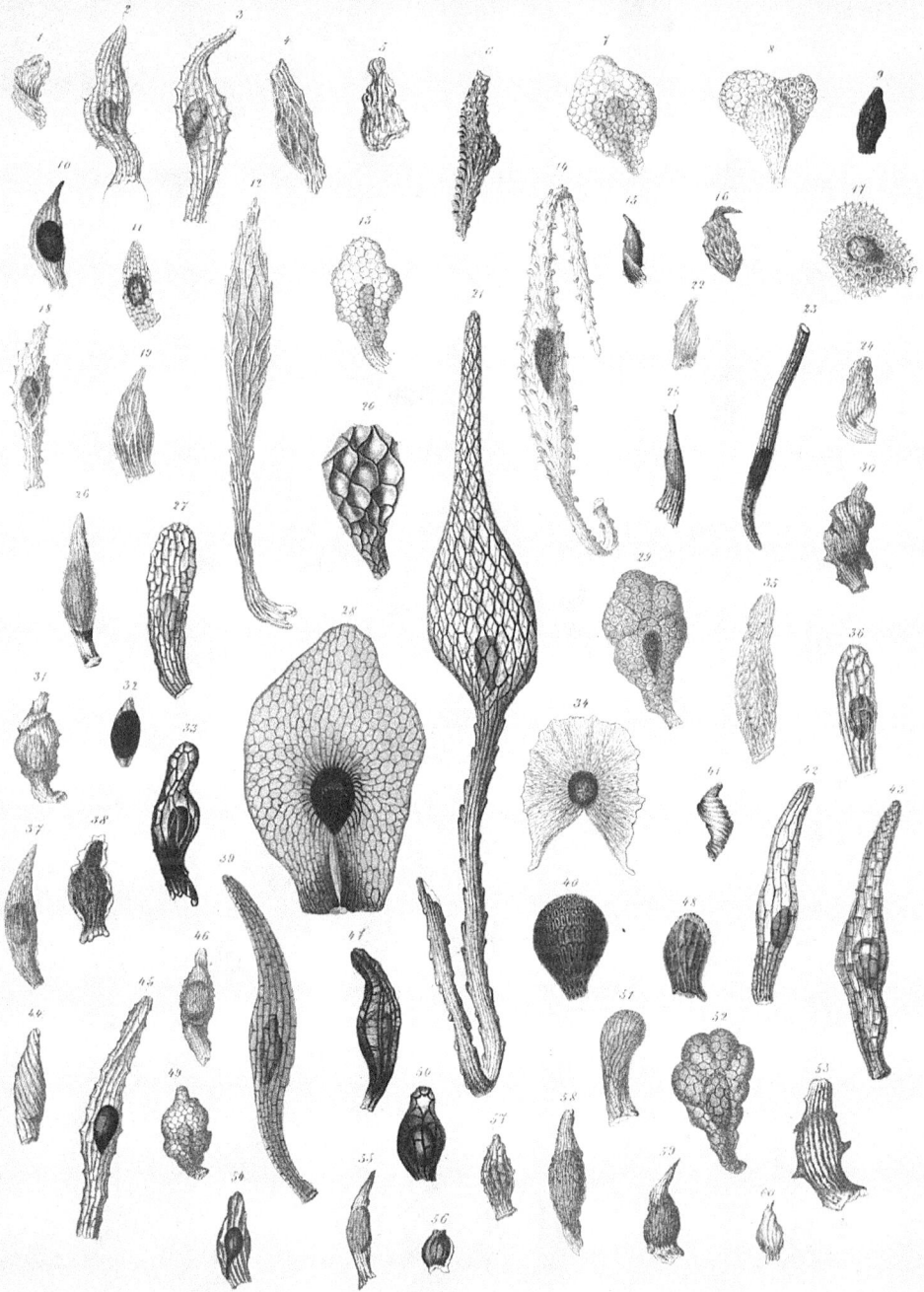

Tab.IV

Gez. v. J. G. Beer.

K. K. a. pr. art. lith. Anstalt v. Ant. Hartinger & Sohn in Wien.

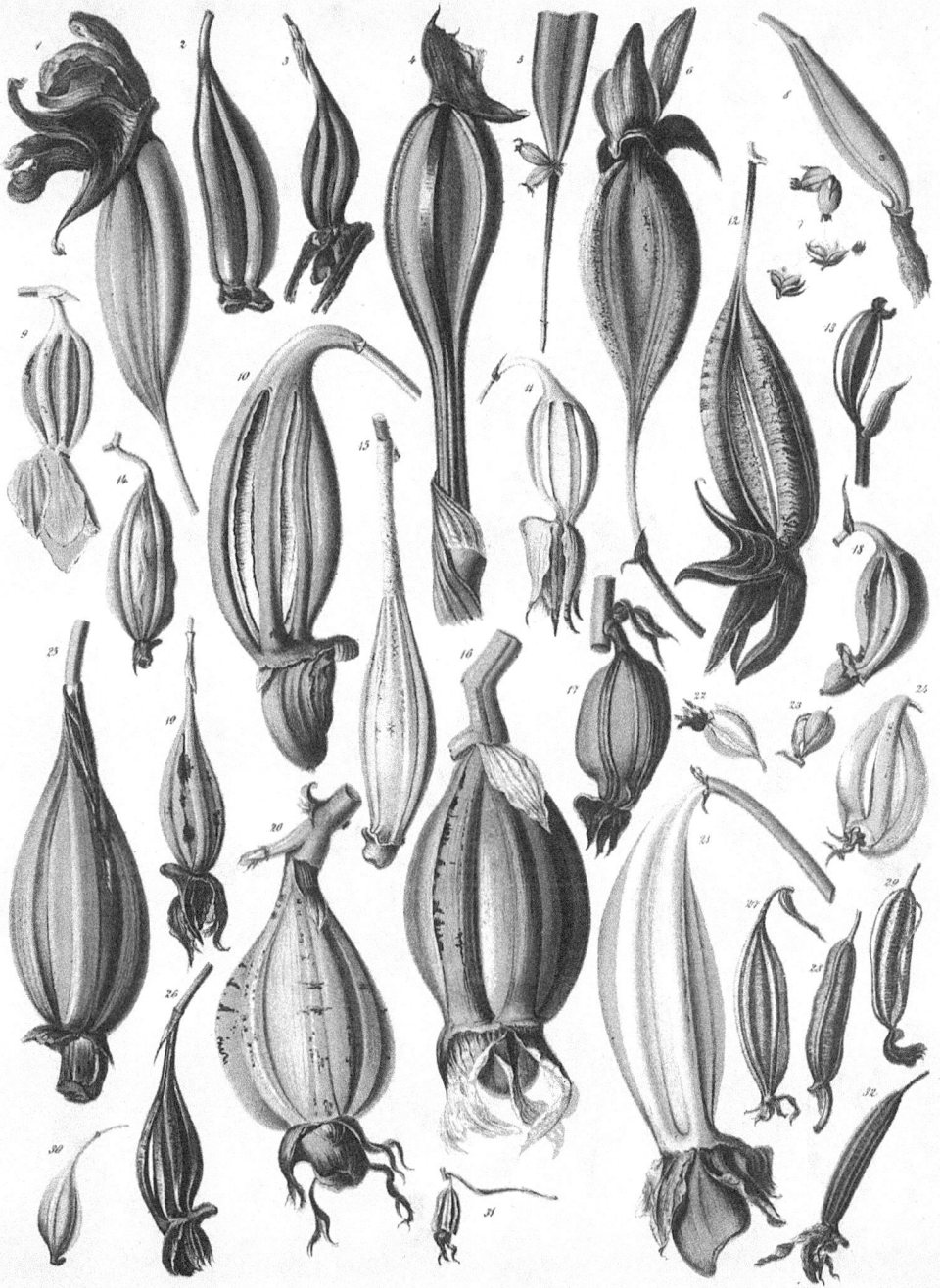

Tab.V. 1.Sippe.

Tab. VI. 1. Sippe.

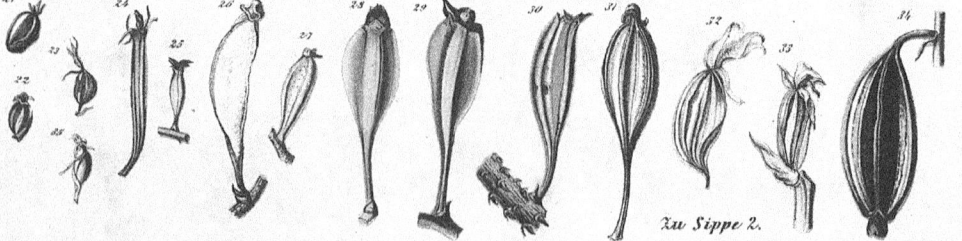

Gez. v. J. G. Beer

K. K. a. pr. art. lith. Anstalt v. Ant. Hartinger & Sohn in Wien

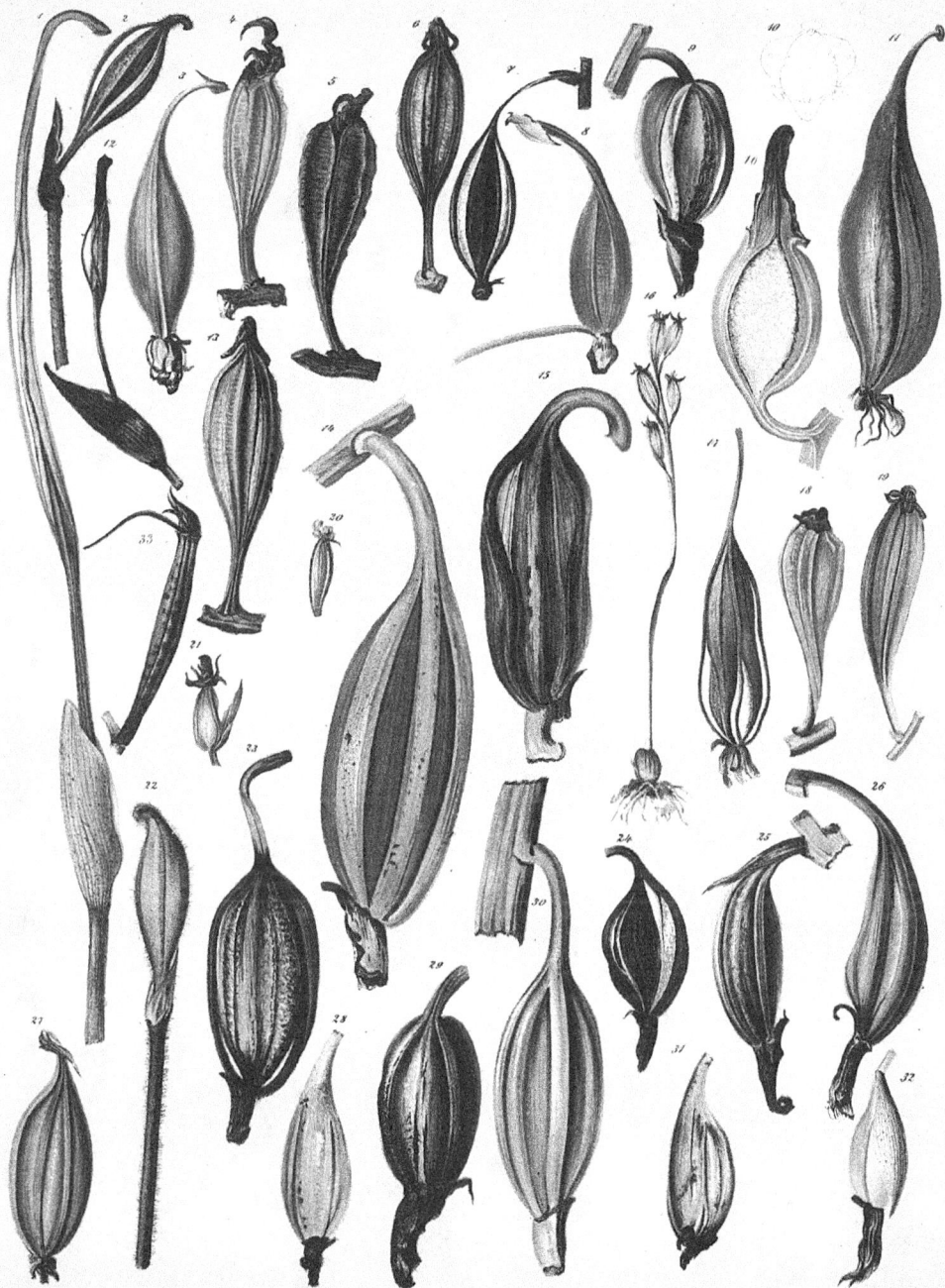

Tab.VII. 2.Sippe.

Gez. v. J. G. Beer

K.K. a. pr. art. lith. Anstalt v. Ant Hartinger & Sohn in Wien

Tab.VIII. 3. Sippe.

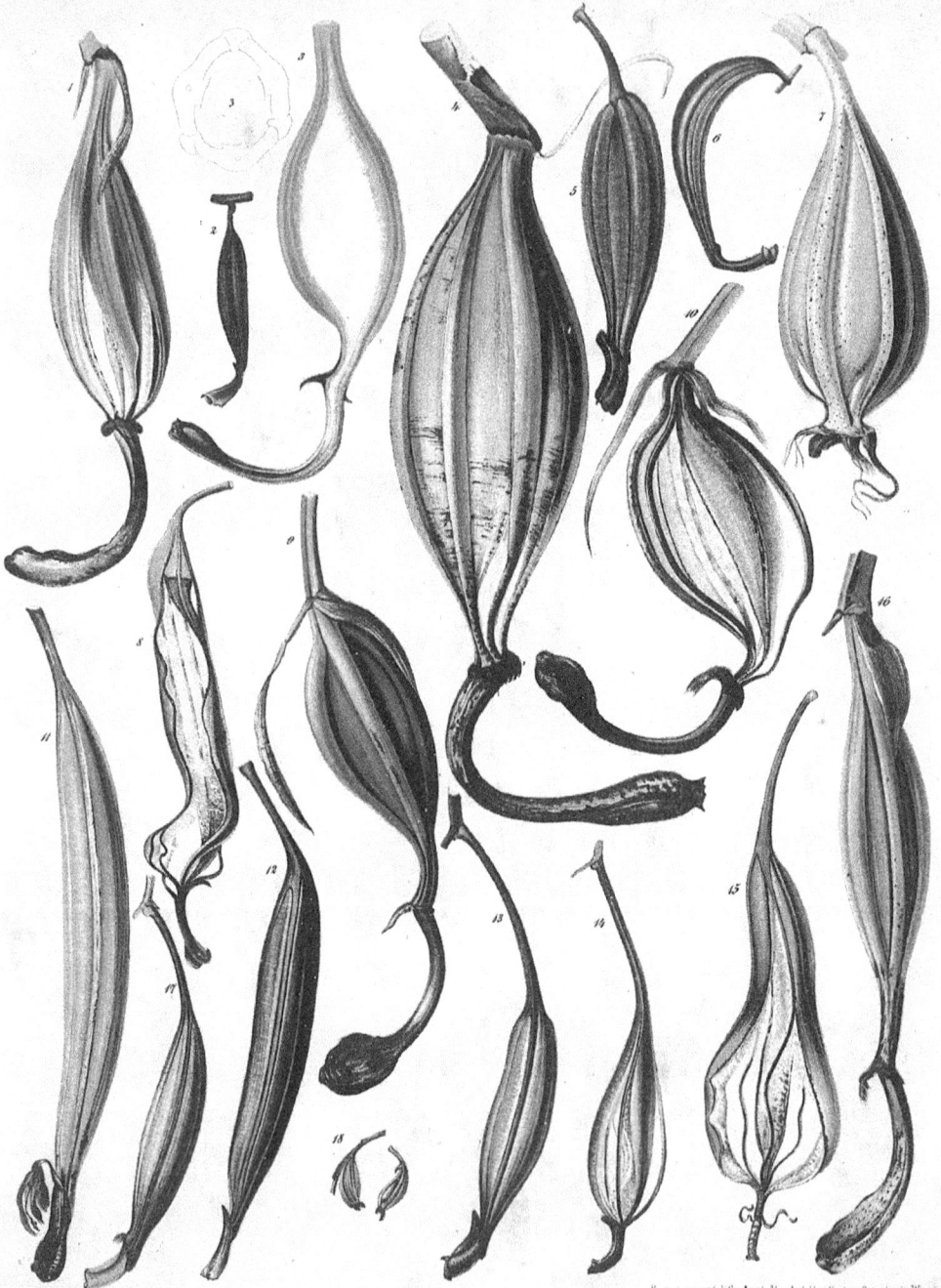

k. k. pr. art. lith. Anstalt v. Ant. Hartinger & Sohn in Wien.

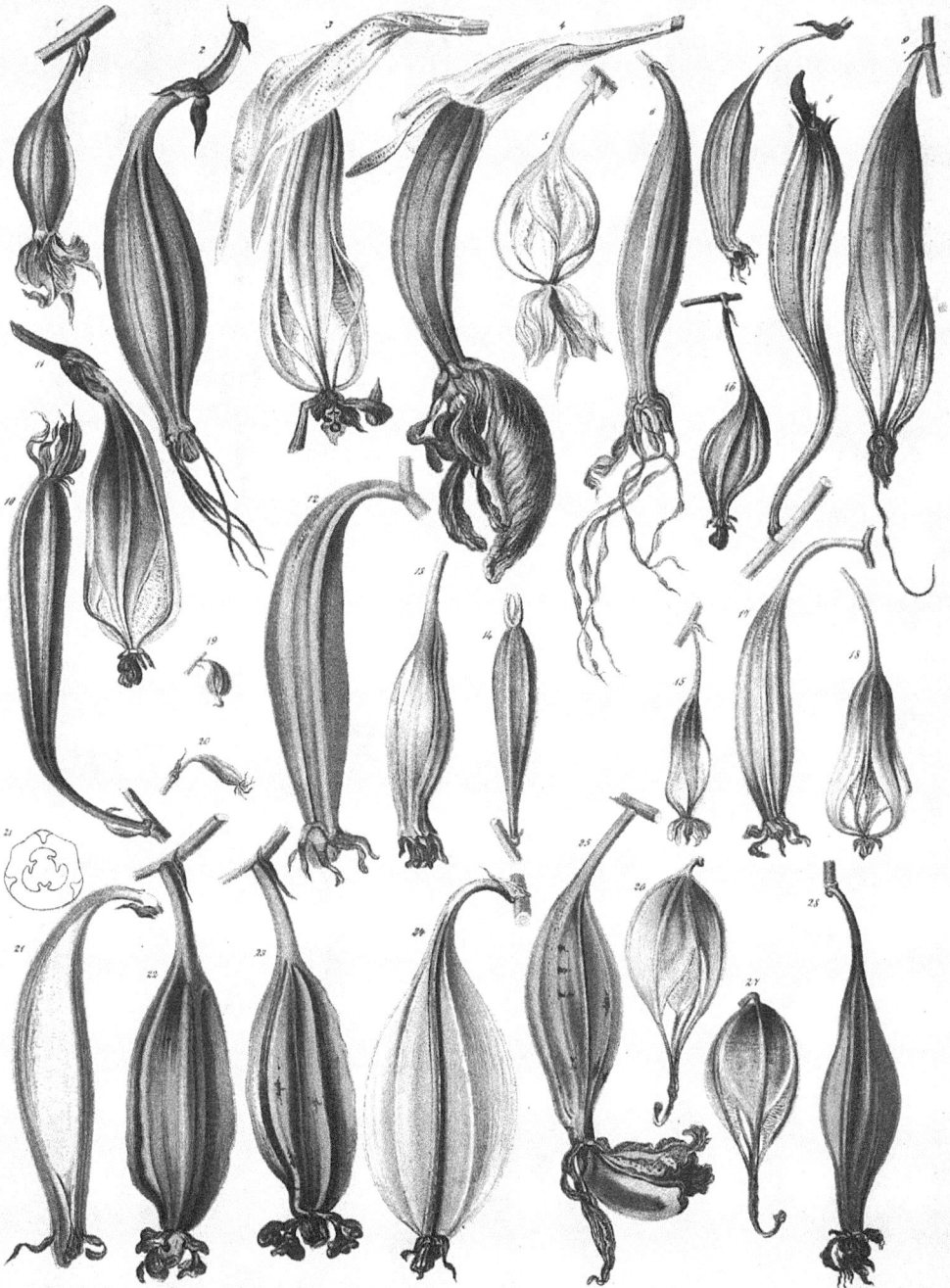

Tab.IX. 4. Sippe.

Gez. v. J. G. Beer

No 24, 25, 26, 27, 28 zu Sippe 5.

K.K. a. pr. art. lith. Anstalt v. Ant. Hartinger & Sohn in Wien.

Tab. X. 5. Sippe.

Gez. v. J. G. Beer

K. K. a. pr. art. lith. Anstalt v Ant Hartinger & Sohn in Wien.

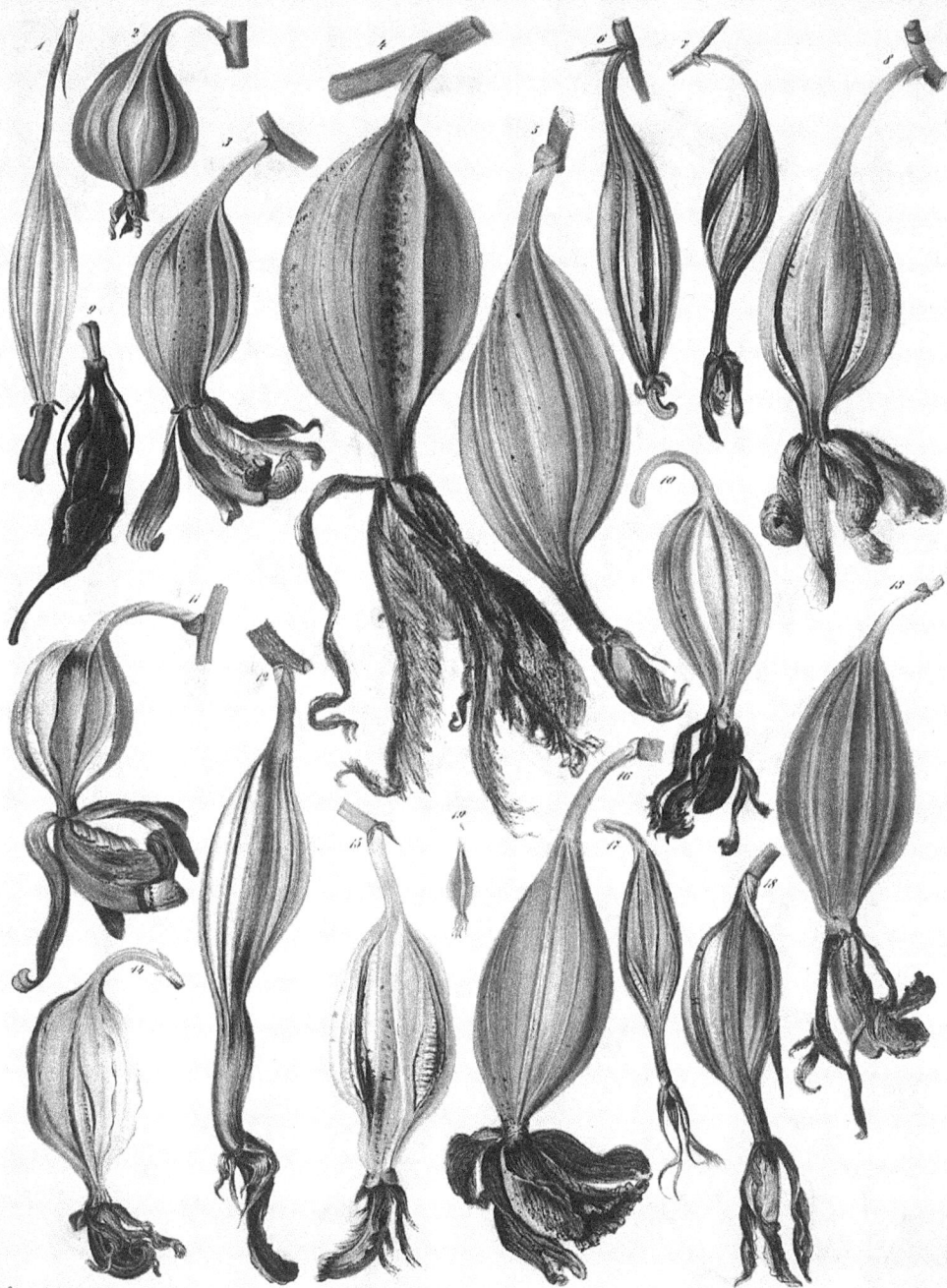

Tab. XI. 5. Sippe.

K. K. a. pr. art. lith. Anstalt v. Ant. Hartinger & Sohn in Wien

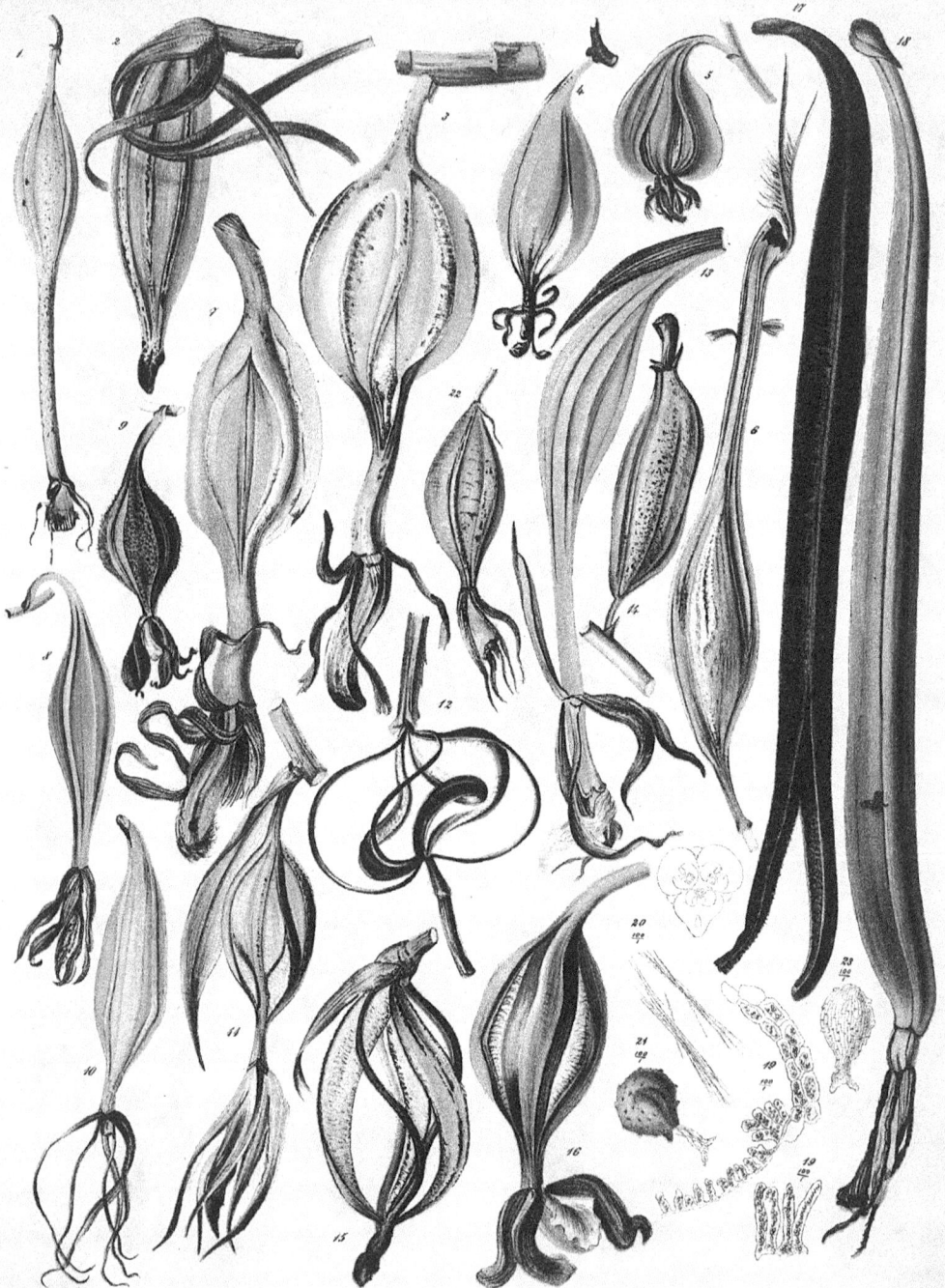

Tab. XII. 5. Sippe.

Gez. v. J. G. Beer

K. K. a. pr. art. lith. Anstalt v. Ant. Hartinger & Sohn in Wien.

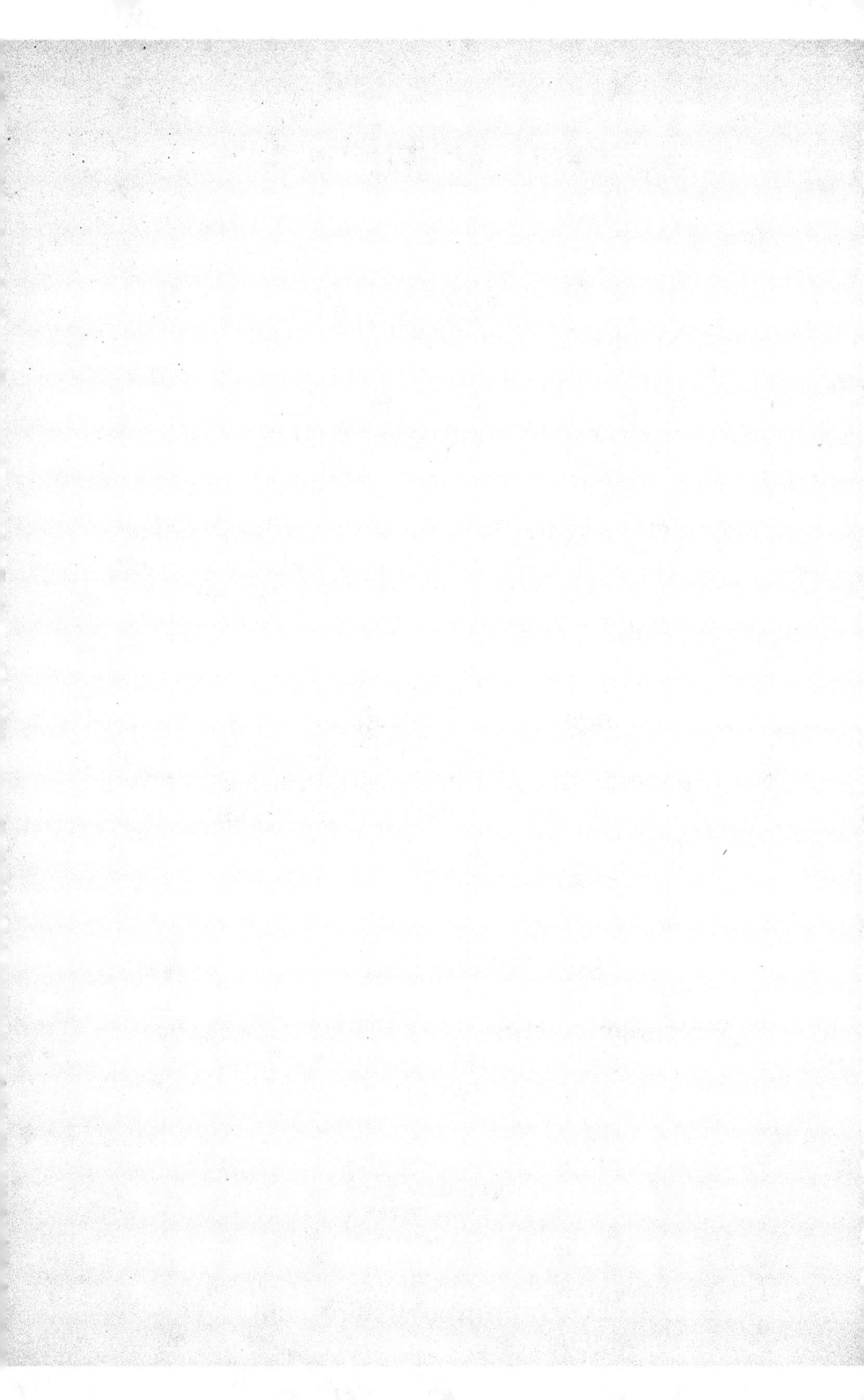

Reprint Publishing

FÜR MENSCHEN, DIE AUF ORIGINALE STEHEN.

Bei diesem Buch handelt es sich um einen Faksimile-Nachdruck der Originalausgabe. Unter einem Faksimile versteht man die mit einem Original in Größe und Ausführung genau übereinstimmende Nachbildung als fotografische oder gescannte Reproduktion.

Faksimile-Ausgaben eröffnen uns die Möglichkeit, in die Bibliothek der geschichtlichen, kulturellen und wissenschaftlichen Vergangenheit der Menschheit einzutreten und neu zu entdecken.

Die Bücher der Faksimile-Edition können Gebrauchsspuren, Anmerkungen, Marginalien und andere Randbemerkungen aufweisen sowie fehlerhafte Seiten, die im Originalband enthalten sind. Diese Spuren der Vergangenheit verweisen auf die historische Reise, die das Buch zurückgelegt hat.

ISBN 978-3-95940-114-2

Made in Germany

www.reprintpublishing.com

www.ingramcontent.com/pod-product-compliance
Lightning Source LLC
Chambersburg PA
CBHW052106270326
41931CB00012B/2909